# KLEINES STUNDENBUCH FÜR WACHE ZEITGENOSSEN

W0283542

# Kleines Stundenbuch für wache Zeitgenossen

Herausgegeben von
Rüdiger von Voss,
Ellen und Gerhard Ringshausen

HERDER
FREIBURG · BASEL · WIEN

Umschlaggestaltung:
Finken & Bumiller, Stuttgart
Umschlagmotiv: TONY STONE, München

Alle Rechte vorbehalten – Printed in Germany
© Verlag Herder Freiburg im Breisgau 1998
Herstellung: Freiburger Graphische Betriebe
Gedruckt auf umweltfreundlichem,
chlor- und säurefrei gebleichtem Papier
ISBN 3-451-26632-6

# INHALT

Unseren Eltern als Dank
Unseren Kindern als Rat
Unseren Freunden zur Begleitung

# EINFÜHRUNG

Welche Bedeutung hat das Gebet in unserer Zeit? Kann die Vertiefung im Gebet Ruhe und Orientierung vermitteln? Hilft das Nachdenken, die Meditation über christliche Texte, um in schwierigen Lebenssituationen zu einer persönlich bedachten, richtigen und auch erträglichen Entscheidung zu gelangen?

Über diese Fragen läßt sich lange diskutieren – konkret werden sie erst in der persönlichen Erfahrung von Situationen und Texten. So ist auch die Antwort der Herausgeber subjektiv, orientiert an ihrem jeweiligen persönlichen und beruflichen Werdegang. Hunderte von Texten haben sie daraufhin überprüft, was Worte für Menschen an Hilfe und stützender Begleitung leisten können; für Menschen, die entscheiden und insbesondere Verantwortung für andere Menschen mittragen müssen.

Die Auswahl kann als kleines »Stundenbuch« zum Innehalten anregen und Geist und Glaube aus der Sprachlosigkeit herausführen. Das stille Nachdenken über anspruchsvolle Texte könnte den Weg zum Gebet neu oder wieder eröffnen. Auch der kirchlich nicht gebundene oder der Kirche in unserer Zeit distanziert oder abwehrend gegenüberstehende Mensch sucht die Begegnung mit Stimmen, die in besonderer Weise ehrlich sprechen uns sich zu ihrem persönlichen Glauben bekennen.

## ORTSBESTIMMUNG

*Unter das Dach meiner Hände*
*huscht ein Gebet.*

*Das überredet mich*
*zum Ausschlich*
*aus meiner Bleibe,*
*der Angst*

*Zur Flucht*
*in eine Flocke Vergänglichkeit,*
*eingefangen*
*von der ruhigen Hand*
*des gerufenen Gottes.*

In der leisen Sprache des Gedichtes fängt Kurt Heynicke die Spannung des Gebetes ein. Der Dichter erinnert an Erfahrungen, eher eine tastende Annäherung als eine Mitteilung der Gewißheit. Hier spricht einer, dem das Gebet nicht – oder nicht mehr – eine religiöse Selbstverständlichkeit ist, sondern eine Entdeckung, eine neue Erfahrung.

Er hat sich unter das Dach der Hände geflüchtet, mit denen wir unsere Welt gestalten. Aber das Dach täuscht; es kann das Gebet nicht fernhalten und ausschließen. Das Gebet eröffnet neue Perspektiven. Zum einen erschließt es neue Fragen an die persönliche Existenz. Zum anderen kann es bei der Suche nach einem Ausweg aus Einsamkeit und Angst helfen – auch dann, wenn der Weg unsicher und das Ziel noch unbekannt ist.

Eine machtvolle Wolkensäule ging den Israeliten bei dem Auszug aus Ägypten durch die Wüste voraus. Heute fehlt uns eine derartige Orientierung. Das Beten ist vielmehr ein Versuch, die Begegnung des Einzelnen mit Gott zu suchen, so ungewiß dies auch immer sein mag.

Das Gebet unterbricht das Tun, wie es die Geste des Händefaltens sinnfällig zeigt. Dieses Innehalten schenkt Entspannung und Besinnung. Der Mensch braucht diesen Abstand von seinen Werken, wenn er nicht zum Knecht seiner Geschäftigkeit werden will. Arbeit und Ruhe, Besinnung und Handeln bestimmen das Leben und das Verhältnis des Menschen zu seiner Welt.

Das weitverbreitete Interesse an Psychologie und Meditation deutet auf Störungen in unserem Lebensrhythmus hin. Die Herausforderungen des Tages erschweren die notwendige Reflexion und rauben vielen Menschen das innere Gleichgewicht. Meditative Texte können eine Hilfe sein, aus dieser Notlage herauszufinden.

Nicht nur die Last der Verantwortung und die vielfach als unerträglich empfundene Belastung durch eine allzu große Zahl von Verpflichtungen bedrücken viele Menschen; auch die Angst vor der eigenen Leere treibt zur Tat statt zur Besinnung. Führt nicht so manches Selbstgespräch zu der Erkenntnis, erschöpft und ausgebrannt zu sein? Führt nicht das Streben nach ständiger Selbstbestätigung oder Selbstverwirklichung zu einem sinnlosen Kreisen um sich selbst? Der vielfach zu beobachtende Rückzug in die Privatheit ist dann ein Ausdruck für Sprachlosigkeit, eine hilflose Flucht in das Schweigen.

Wer sich auf den Weg der Meditation begibt, begegnet vielen Fragen und erlebt häufig eine Einsamkeit, die kaum erträglich scheint. Einsamkeit aber treibt in die Isolierung und verstellt jeden Ausweg.

Einer solchen tiefen Einsamkeit kann der Mensch weder durch Selbstvergessenheit noch durch Geschäftigkeit entkommen. Die Verdrängung der eigenen Notlage hilft nicht weiter, sondern nur eine neue Verbindung des Menschen zu seinen Mitmenschen, ein neues Verhältnis des Menschen zu seiner Welt. An die Stelle des Monologs muß der Dialog treten.

Der Titel „Gebet und Verantwortung“ nimmt die christliche Grundüberzeugung auf, daß das Gebet zur Verantwortung fähig macht und Freiheit ermöglicht. So kann das Gebet helfen, sich selbst wiederzufinden und die Erfahrungen in der Welt in der Hoffnung zu bedenken, daß die Anrufung Gottes Einsicht und Hilfe bringt.

Ebenso wie Kindergebete in Vergessenheit geraten sind, so hat die alles andere verdrängende Alltäglichkeit viele Menschen unfähig gemacht zu beten. Die Frage nach Gott bleibt unbeantwortet.

Im Alten Testament finden wir viele Psalmen, die die Gottesferne beklagen, so wie es in Psalm 130 heißt: „Aus der Tiefe rufe ich Herr zu Dir." Deshalb auch beginnt die vorliegende Sammlung mit Texten, in denen um einen neuen Weg zum Beten gerungen wird, in denen nach Gott gesucht wird.

Im nachdenkenden Lesen wollen die Texte neue Möglichkeiten zum Beten eröffnen, dem Glauben wieder zum Sprechen verhelfen. Von Psalmen des Alten Testaments bis zu Autoren des 20. Jahrhunderts wurden Texte ausgewählt, die insbesondere durch ihre prägnante und disziplinierte Sprache dem Nachdenken Raum geben. Meditative Kraft entfalten Gebete nach Meinung der Herausgeber nicht durch die Beschreibung von aktuellen Lebenssituationen, die allzu leicht in der Geschwätzigkeit und der Banalität endet. Wichtig ist die Konzentration auf das Entscheidende, das Grundlegende, von dem aus sich aktuelle Erfahrungen erschließen lassen.

Gedruckte Gebete sollten nach einer glücklichen Formulierung von Rudolf Bohren „Texte zum Weiterbeten" sein. Sie bilden einen Rahmen, von dem sich der Betende einfangen lassen kann, auch wenn sich dabei Überschneidungen und Spannungen ergeben. Manche Texte wirken wie ein Beichtspiegel. Auch das Bekenntnis der eigenen Schuld gehört zum Gebet. Gebete fordern heraus. Sie führen zu einem neuen Vertrauen zu Gott, in Klage und Lob, Bitte und Dank.

Formulierte Gebete sind Hilfe zum Beten wie feste Gebetszeiten. Im Ablauf des Tages geben sie Anlaß zum Innehalten, zum Rückblick und zur Vorausschau und füllen so unsere Zeit, die begrenzt ist. Wie wir unsere Zeit einteilen und Gott die Zeit uns zumißt, bestimmt unseren Lebenslauf und setzt unserer Verantwortung Grenzen. Von Morgengebeten bis zum Bedenken des Endes spannt sich deshalb der Bogen in der zweiten Gruppe der hier zusammengetragenen Texte.

Zur zeitlichen Ordnung des Lebens gehören die Grundsituationen von Glauben und Handeln im Ringen um Verantwortung und Fürbitte. In dieser dritten Gruppe wird deutlich, wie sich der Glaubende seines Glaubens vergewissern kann. Der Glaube kann eine neue Begründung in Gott finden und sich in der Verantwortung für unsere Welt praktisch bewähren.

In der Hinwendung zu Gott übertrifft das Gebet die Meditation. Das Gebet ist mehr als Selbstbesinnung. Das Händefalten erscheint uns heute zwar zunächst als eine Geste der Konzentration, ursprünglich beinhaltet das Händefalten aber eine Übergabe der ganzen menschlichen Existenz an Gott. Im Mittelalter legte der Lehnsmann seine gefalteten Hände in diejenigen seines Herren; von ihm erwartete er von nun an Schutz, für ihn und in seinem Namen wollte er nunmehr kämpfen. Der Betende faltet die Hände und legt sie in die Hände Gottes. Zu ihm bekennt er sich, sein Schutz soll ihn begleiten, ihm ist er im Gehorsam verpflichtet.

Im Gebet wird klar: Was können wir vor Gott verantworten und wie können wir diese Verantwortung tragen und verwirklichen? Was erwarten wir von Gott?

Alles Bitten und Danken steht im christlichen Gebet unter dem Vorbehalt von Gottes Willen, wie es im Vater Unser, dem letzten Gebet dieser Sammlung, heißt: „Dein Wille geschehe, wie im Himmel so auf Erden."

1.

# Annäherung

Wir müssen beten.
Alles übrige ist eitel und töricht.
Wir müssen beten,
um das Grauen dieser Welt zu ertragen,
wir müssen beten,
um rein zu sein,
wir müssen beten,
um die Kraft zu erlangen, warten zu können.

Für den Menschen, der viel betet,
gibt es keine Verzweiflung
und keine bittere Traurigkeit.

LÉON BLOY

Herr (wenn es dich gibt),
ich kann nicht beten,
denn ich habe zu viele Gebete gehört,
die nur Worte waren,
und sie machten mein Herz krank
vor Traurigkeit.

Herr (wenn es dich gibt),
ich kann nicht danken,
denn:
wenn ich dir danke,
weil ich satt bin,
muß ich dir zum Vorwurf machen,
daß Millionen hungern,
wenn ich dir danke,
daß ich gesund bin,
muß ich dir zum Vorwurf machen,
daß Millionen siechen,
wenn ich dir danke,
daß ich glücklich bin,
muß ich dir zum Vorwurf machen,
daß Millionen verzweifeln,
denn du bist allmächtig,
heißt es
in den Büchern.

Herr (wenn es dich gibt),
ich kann nicht beten,
ich kann nicht danken,
ich kann nicht glauben.

Ich kann nur versuchen,
jedem menschlichen Geschöpf,
das mich braucht,
meine Liebe zu zeigen
und nach Wahrheit und Gerechtigkeit
zu suchen
– das ist mein Gebet.

Ich kann nur versuchen,
neben meinem Bruder,
den die Menschen verachten,
zu stehen,
um mit ihm verachtet zu werden
– das ist mein Dank.

Ich kann nur unermüdlich weitersuchen
nach der verschütteten Seele
unter den Trümmern dessen,
was dein Abbild hätte sein sollen
– das ist mein Glaube.

Herr (wenn es dich gibt),
gib mir Kraft,
so zu beten,
zu danken,
zu glauben!

Nelly Sachs

O, du mein Gott: alle Völker preisen dich
und versichern dich ihrer Ergebenheit.
Was aber kann es dir bedeuten,
ob ich das auch tue oder nicht?
Wer bin ich, daß ich glauben soll,
mein Gebet sei eine Notwendigkeit?
Wenn ich Gott sage, weiß ich,
daß ich damit von dem Einzigen, Ewigen,
Allmächtigen, Allwissenden und Unvorstellbaren
spreche, von dem ich mir ein Bild
weder machen kann noch soll.
An den ich keinen Anspruch erheben
darf oder kann, der mein heißestes Gebet
erfüllen oder nicht beachten wird.
Und trotzdem bete ich, wie alles Lebende betet;
trotzdem erbitte ich Gnaden und Wunder;
Erfüllungen.
Trotzdem bete ich,
denn ich will nicht des beseligenden Gefühls
der Einigkeit, der Vereinigung mit dir,
verlustig werden.
O du mein Gott,
deine Gnade hat uns das Gebet gelassen,
als eine Verbindung, eine beseligende Verbindung
mit Dir.
Als eine Seligkeit, die uns mehr gibt
als jede Erfüllung.

Arnold Schönberg

Herr,
du bist groß und hoch zu loben;
groß ist deine Macht,
deine Weisheit ohne Ende.
Und dich zu loben
wagt der Mensch,
ein winziger Teil deiner Schöpfung,
der Mensch,
der dem Tod verfallen ist,
der weiß um seine Sünde
und weiß,
daß du dem Hoffärtigen widerstehst;
und dennoch,
du selbst willst es so:
wir sollen dich loben
aus fröhlichem Herzen;
denn du hast uns
auf dich hin geschaffen,
und unser Herz ist unruhig,
bis es Ruhe findet in dir.

AUGUSTIN

Wo kann ich Ausschau halten nach dir, Gott,
wenn alle sicheren Stätten entgleiten?

Wie kann ich zu dir rufen, Gott,
wenn alle Worte, die ich kenne, verbraucht sind?

Wann kann ich dir begegnen, Gott,
wenn alle Zeiten dahinschwinden?

Warum sollte ich mich quälen, Gott,
da ich früher so oft versagte?

Dank dir, Gott. Denn du kommst zu mir auch an
die Stätten, die keinen Schutz bieten und Halt.

Dank dir, Gott. Denn du sprichst zu mir
im Schweigen und nicht bloß in Worten.

Dank dir, Gott. Denn du begegnest mir
in arbeitsüberladenen Zeiten, nicht bloß im Gebet.

Dank dir, Gott. Denn du handelst für mich,
wenn ich dem Verdruß entgehen möchte.

Harvey Cox

Herr, ich weiß nicht,
um was ich dich bitten soll.
Nur du weißt, was ich brauche.
Du liebst mich besser,
als ich mich selbst zu lieben weiß.
O Vater, gib deinem Kinde,
wovon es selbst nicht weiß,
wie es dich darum bitten soll.
Ich wage dich nicht zu bitten,
weder um Kreuze noch um Tröstungen;
ich bringe einfach mein Herz dir dar
und öffne mein Herz für dich.
Sieh an meine Nöte, die ich selbst nicht kenne;
sieh her
und tu an mir nach deiner fürsorglichen Güte.
Schlage oder heile,
beuge mich nieder
oder richte mich auf;
ich bete all deine Ratschlüsse an,
ohne sie zu kennen.
Ich schweige nur;
ich bringe mich dir zum Opfer,
ich gebe mich dir hin;
Ich habe kein Verlangen,
als deinen Willen zu tun.
Lehre mich beten.
Bete du in mir. Amen

François Fénelon

Geheimnisvoll waltest du überall, Herr,
und überall bist du verborgen.
Du bist in der Höhe zugegen,
und sie fühlt dich nicht;
du bist in der Tiefe zugegen,
und sie umgreift dein Wesen nicht.
Ganz bist du nur Wunder,
wo immer wir dich suchen.
Nahe bist du und ferne.
Wer gelangt zu dir?
Der forschende Geist
mit all seinen Sinnen vermag es nicht.
Dir naht der Glaube nur,
nur die Liebe,
nur das Gebet.

Ephraem der Syrer

II.

# Zuwendung

O Herr, ich bin nicht würdig,
daß du mir verzeihst;
aber um deiner Güte willen
verzeihe mir alle meine Sünden!
O Herr, ich bin nicht würdig,
daß du mir Gnade erzeigst;
aber um deiner Barmherzigkeit willen
nimm mich in Gnaden auf!
O Herr, ich bin nicht würdig,
daß du mich selig machst;
aber um deiner Verdienste willen
führe mich zu der ewigen Seligkeit!

Martin von Cochem

Anrufen will ich, den ich beleidigt habe,
und mich nicht fürchten,
zurückrufen will ich, den ich verworfen habe,
und nicht erröten.
Verlorene Hoffnung will ich zurückgewinnen
und wagen will ich es wieder,
den Blick zu erheben aus der Tiefe.
Denn droben wohnt mein Erlöser,
der Macht hat, mich zu erretten
vom ewigen Fluche.
Nicht verloren bin ich,
in ihm ist mir Leben geblieben
und Heil für die Ewigkeit.
Er wehrt dem Tode,
er schenket Leben und schafft es neu.
Er läßt mich Besserung hoffen.
Fort, fliehe, was mich erschreckt!
Meine Sünde ist groß,
aber des Herrn Erbarmen ist größer.
Herr, führe mich heim auf deinem Wege,
bevor es dunkelt:
denn es will Abend werden!
Denke daran, o Herr,
dich zu erbarmen meiner Seele.
Komm mir zu Hilfe,
du allein weißt meinen Jammer.

Francesco Petrarca

Dazu hilf uns, Herr Christe,
daß wir nie mit unseren Angelegenheiten
uns so beschäftigen,
daß wir nimmer Zeit und Kraft haben
für den Dienst an den Elenden und Armen,
für deinen Dienst.
Tu unsere Herzen und Augen auf,
daß wir fremdes Elend sehen,
das uns zur Pflege anvertraut ist,
um ihm zu helfen, wo wir helfen können.
Hilf uns auch dazu, o Herr Christe,
daß wir einen steten Zugang haben
zu den Quellen aller Kraft,
ohne welche wir nichts
in unserem Dienst ausrichten.
Nimm uns alle mit
auf dem Weg nach Jerusalem
und zeige uns unsere Sünde,
die dich in den Tod gebracht hat,
und deine Gnade,
die uns aus dem Tod zum ewigen Leben bringt.

Hermann Bezzel

Jesus, Sohn Davids,
erbarme dich meiner.
Erleuchte du meine Augen,
daß ich den Weg zu dir finde.
Mach du meine Schritte fest,
daß ich vom Weg nicht abirre.
Öffne du meinen Mund,
daß ich von dir spreche.
Du willst, daß ich meine Mitmenschen liebe.
Laß mich ihnen so dienen,
daß sie ihr Heil finden
und in deine Herrlichkeit gelangen.

ALKUIN

Aus der Tiefe rufe ich, Herr, zu dir:
Herr höre meine Stimme!
Wende dein Ohr mir zu,
achte auf mein lautes Flehen!
Würdest du, Herr, unsere Sünden beachten,
Herr, wer könnte bestehen?
Doch bei dir ist Vergebung,
damit man in Ehrfurcht dir dient.
Ich hoffe auf den Herren, es hofft meine Seele,
ich warte voll Vertrauen auf sein Wort.
Meine Seele wartet auf den Herrn
mehr als die Wächter auf den Morgen.
Mehr als die Wächter auf den Morgen
soll Israel harren auf den Herrn.
Denn beim Herrn ist die Huld,
bei ihm ist die Erlösung und Fülle.
Ja, er wird Israel erlösen
von all seinen Sünden.

Psalm 130

Sei gelobt, mein Gott,
der du mich befreit hast von den Götzen
und bewirkst, daß ich nur dich anbete
und keineswegs Isis oder Osiris,
oder die Gerechtigkeit
oder den Fortschritt
oder die Wahrheit
oder das Göttliche
oder die Humanität
oder die Naturgesetze
oder die Kunst
oder die Schönheit ...
Herr, du hast mich erlöst von den Büchern
und den Ideen,
den Wahngebilden
und ihren Pfaffen ...
Ich weiß, du bist kein Gott der Toten,
sondern der Lebendigen ...
Sei gelobt, mein Gott,
der du mich aus dem Tode befreit hast!

PAUL CLAUDEL

III.

# Der Tag

Der Morgen

Mittag

Der Abend

Beim aufgehenden Morgenlicht
preisen wir dich, o Herr;
denn du bist der Erlöser der ganzen Schöpfung.
Schenk uns in deiner Barmherzigkeit einen Tag,
erfüllt mit deinem Frieden.
Vergib uns unsre Schuld.
Laß unsre Hoffnung nicht scheitern.
Verbirg dich nicht vor uns.
In deiner sorgenden Liebe trägst du uns;
laß nicht ab von uns.
Du allein kennst unsre Schwäche.
O Gott, verlaß uns nicht.

Ostsyrische Christen

Das walte Gott Vater,
Sohn und Heiliger Geist! Amen.
Ich danke dir, mein himmlischer Vater,
durch Jesum Christum, deinen lieben Sohn,
daß du mich diese Nacht
vor allem Schaden und Gefahr behütet hast,
und bitte dich,
du wollest mich diesen Tag auch behüten
vor Sünden und vor allem Übel,
daß dir all mein Tun und Leben gefalle.
Denn ich befehle mich,
meinen Leib und Seele
und alles in deine Hände.
Dein heiliger Engel sei mit mir,
daß der böse Feind
keine Macht an mir finde. Amen.

MARTIN LUTHER

## Gebete für Mitgefangene / Weihnachten 1943

Gott, zu Dir rufe ich in der Frühe des Tages.
Hilf mir beten
und meine Gedanken sammeln zu Dir;
ich kann es nicht allein.

In mir ist es finster,
aber bei Dir ist Licht;
ich bin einsam, aber Du verläßt mich nicht;
ich bin kleinmütig, aber bei Dir ist die Hilfe;
ich bin unruhig, aber bei Dir ist der Friede;
in mir ist Bitterkeit, aber bei Dir ist die Geduld;
ich verstehe Deine Wege nicht, aber
Du weißt den Weg für mich.

Vater im Himmel,
Lob und Dank
sei Dir für die Ruhe der Nacht,
Lob und Dank sei Dir für den neuen Tag.
Lob und Dank sei Dir für alle Deine Güte
und Treue in meinem vergangenen Leben.
Du hast mir viel Gutes erwiesen,
laß mich nun auch das Schwere
aus Deiner Hand hinnehmen.
Du wirst mir nicht mehr auflegen,
als ich tragen kann.
Du läßt Deinen Kindern alle Dinge
zum Besten dienen.

Herr Jesus Christus,
Du warst arm
und elend gefangen und verlassen wie ich.
Du kennst alle Not der Menschen,
Du bleibst bei mir,
wenn kein Mensch mir beisteht,
Du vergißt mich nicht und suchst mich,
Du willst, daß ich Dich erkenne und mich
zu Dir kehre. Herr, ich höre auf Deinen Ruf
und folge, hilf mir!

Heiliger Geist,
gib mir den Glauben, der mich vor
Verzweiflung, Süchten und Laster rettet,
gib mir die Liebe zu Gott und den Menschen,
die allen Haß und Bitterkeit vertilgt,
gib mir die Hoffnung, die mich befreit von
Furcht und Verzagtheit.

Heiliger, barmherziger Gott,
mein Schöpfer und mein Heiland,
mein Richter und mein Erretter,
Du kennst mich und all mein Tun.
Du haßt und strafst das Böse in dieser und
jener Welt ohne Ansehen der Person,
Du vergibst Sünden dem,
der Dich aufrichtig darum bittet,
Du liebst das Gute und lohnst es auf dieser
Erde mit einem getrosten Gewissen

und in der künftigen Welt
mit der Krone der Gerechtigkeit.

Vor Dir denke ich an all die Meinen,
an die Mitgefangenen und alle, die
in diesem Hause ihren schweren
Dienst tun.
Herr, erbarme Dich!
Schenke mir die Freiheit wieder,
und laß mich derzeit so leben,
wie ich es vor Dir und
vor den Menschen
verantworten kann.
Herr, was dieser Tag auch bringt
Dein Name sei gelobt!

DIETRICH BONHOEFFER

Die Sterne verblassen, und die Nacht vergeht.
Nicht verblaßt das Licht deiner Liebe,
nicht vergeht die Macht deiner Gegenwart.

In der Tagesfrühe komme ich, Herr, zu Dir
und bitte dich.
Nicht um vieles möchte ich bitten,
aber um eines:
Schenke mir, daß ich vertrauen kann.

Ich bitte dich:
Gib mir so viel Selbstvertrauen,
wie mir not ist für diesen einen Tag.
Hilf mir glauben, du habest mich so ausgestattet,
daß ich mich nicht verlieren muß
in den Wolken des Übermuts,
daß ich nicht verkümmere im Kleinmut,
nicht versinke in den Schlichten der Schwermut.

Ich bitte dich:
Laß mich denen vertrauen,
die mit mir auf dem Weg sind,
daß wir recht miteinander sprechen
und recht schweigen können.
Gib, daß wir uns in den Aufgaben
unseres Tages helfen; laß uns erkennen,
daß wir in deinem Dienste stehen,
wo immer wir stehen.

Laß mich auch denen mein Vertrauen schenken,
die mir fremd sind.
Gib, daß ich mich nicht verirre
in dem argen Gestrüpp des Mißtrauens.

Über alles aber bitte ich dich:
Gib mit das Vertrauen darein,
daß alle meine Wege wohlbedacht sind bei dir;
daß du es gut machst
mit meinem Anfangen und Beschließen,
meinem Gewinnen und Verlieren,
meinen Erhöhungen und Erniedrigungen;
daß es mir gewiß bleibt
in meinem Leben und meinem Sterben:
Alle meine Quellen sind in dir. Amen.

Albrecht Goes

Mit Segen laß mich heut aufstehn,
Herr Gott in deinem Schutze gehn
Und reiten, wohinaus mein Weg sich kehre.
Herr Christ, durch mich gib an den Tag,
Was deiner Güte Kraft vermag,
Und steh mir bei zu deiner Mutter Ehre.

Wie ihr der Engel half, der gute,
Und dir, der in der Krippe ruhte,
Jung als Mensch, als Gott so alt,
demütig vor dem Esel und dem Rinde;
Und doch mit himmlisch treuem Sorgen
Hielt dich Gabriel geborgen,
Ganz in Reue ohne Spott.
So schütz auch mich,
daß man nicht falsch mich finde
Noch lässig gegen Dein Gebot.

Walther von der Vogelweide

Herr, unser Gott
und Gott unserer Väter,
möge es dein Wille sein,
uns in Frieden zu leiten,
unsere Schritte
auf den Weg des Friedens zu richten,
und uns wohlbehalten
zum Ziel unserer Reise zu führen.

Behüte uns vor aller Gefahr,
die uns auf dem Weg bedroht.
Bewahre uns vor Unfall
und vor Unglück,
das über die Welt
Unruhe bringt.

Segne die Arbeit unserer Hände.
Laß uns Gnade und Barmherzigkeit
vor deinen Augen finden;
Verständnis und Freundlichkeit
bei allen, die uns begegnen.
Höre auf die Stimme unseres Gebetes.
Gepriesen seist du, o Gott,
der du unser Gebet erhörst.

Du gabst der Welt das Leben,
gibst ihr das täglich Brot,
hast beid's auch mir gegeben.
Ich dank Dir, lieber Gott.

Herr, was ich habe,
ist deine Gabe.
Mein Leib und Leben
hast du gegeben,
wirst heut und morgen
mich wohl versorgen,
nimmst mich am Ende
in deine Hände.

Herr Gott, von allen Seiten
umgibt mich deine Hand.
Du bist in allen Zeiten
mir treulich zugewandt,

Machst reich mein armes Leben,
gibst mir das täglich Brot;
denn Geben und Vergeben
ist deine Weise, Gott.

Ich aber kann's nicht fassen;
du bist zu hoch und groß.
Ich kann mich dir nur lassen
mit meinem Menschenlos.

ARNO PÖTZSCH

Bleibe bei uns, Herr,
denn es will Abend werden
und der Tag hat sich geneiget.

Bleibe bei uns
und bei deiner ganzen Kirche.
Bleibe bei uns,
am Abend des Tages,
am Abend des Lebens,
am Abend der Welt.

Bleibe bei uns
mit deiner Gnade und Güte,
mit deinem heiligen Wort und Sakrament
mit deinem Trost und Segen.

Bleibe bei uns,
wenn über uns kommt die Nacht
der Trübsal und Angst,
die Nacht des Zweifels und der Anfechtung,
die Nacht des bitteren Todes.

Bleibe bei uns und
bei allen deinen Gläubigen,
in Zeit und Ewigkeit.

Bevor die Sonne sinkt,
will ich den Tag bedenken.
Die Zeit, sie eilt dahin;
wir halten nichts in Händen.

Bevor die Sonne sinkt,
will ich das Sorgen lassen.
Mein Gott, bei dir bin ich
zu keiner Stund vergessen.

Bevor die Sonne sinkt,
will ich dir herzlich danken.
Die Zeit, die du mir läßt,
will ich dir Lieder singen.

Bevor die Sonne sinkt,
will ich dich herzlich bitten:
Nimm du den Tag zurück
in deine guten Hände.

Christa Weiss und Kurt Rommel

Der Tag war sehr laut –
laß mich jetzt still werden, Herr.
Viele Menschen waren um mich –
nimm du mich jetzt auf.
Der Lärm, die Arbeit, das Tempo,
all das hat dich verdrängt;
ich vergaß dich.

Wie gut, Herr, zu wissen,
daß du dennoch dabei warst,
daß du alles gesehen
und alles verstanden hast:
das Suchen nach einem guten Weg,
das Seufzen über alle Mühsal,
das Erschrecken über Lieblosigkeit,
Kleinlichkeit und Hochmut.

Herr, was soll ich dir zurückgeben
für den Tag, den du mir gabst?
Ich sehe nichts, das Wert behält vor dir,
und ein kleiner Schritt ist's nur
hin zur Resignation, die du nicht willst.
Herr, laß mich nicht gefangen bleiben
in den engen Grenzen meines Ich.
Befreie mich zu Lob
und Anbetung vor dir!

Ilse Rasche

Das walte Gott Vater,
Sohn und Heiliger Geist! Amen.
Ich danke dir, mein himmlischer Vater,
durch Jesum Christum, deinen lieben Sohn,
daß du mich diesen Tag
gnädiglich behütet hast,
und bitte dich,
du wolltest mir vergeben alle meine Sünde,
wo ich unrecht getan habe,
und mich diese Nacht auch gnädiglich behüten.
Denn ich befehle mich,
meinen Leib und Seele
und alles in deine Hände.
Dein heiliger Engel sei mit mir,
daß der böse Feind
keine Macht an mir finde. Amen

Martin Luther

Herr, mein Gott, ich danke Dir, daß Du
diesen Tag zu Ende gebracht hast;
ich danke Dir, daß Du Leib und Seele zur
Ruhe kommen läßt.
Deine Hand war über mir und hat mich
behütet und bewahrt.
Vergib allen Kleinglauben
und alles Unrecht dieses Tages
und hilf, daß ich allen vergebe, die mir
Unrecht getan haben.

Laß mich in Frieden unter Deinem Schutz
schlafen
und bewahre mich vor den Anfechtungen
der Finsternis.

Ich befehle Dir die Meinen, ich befehle Dir
dieses Haus,
ich befehle Dir meinen Leib
und meine Seele.
Gott, Dein heiliger Name sei gelobt.

Dietrich Bonhoeffer

Christ, laß dich erbitten,
da es Abend wird:
Bleib in unsrer Mitten
als ein guter Hirt.

Finden wir doch keinen
Abend Haus und Rast,
eh du uns nicht deinen
Trost gegeben hast.

Wollest uns zur Rechten
als ein Hüter gehn,
daß wir in den Nächten
ohne Furcht bestehn.

Komm du selbst und führe,
die wir lang geirrt,
uns an deine Türe,
da es Abend wird.

Rudolf Otto Wiemer

Nun schläft man,
und wer nicht schlafen kann,
der bete mit mir an
den großen Namen,
dem Tag und Nacht
wird von der Himmelswacht
Preis, Lob und Ehr gebracht.
O Jesu! Amen.

Weg, Phantasie!
Mein Herr und Gott ist hie.
Du schläfst, mein Wächter, nie;
dir will ich wachen.
Ich liebe dich,
ich geb zum Opfer mich
und lasse ewiglich
dich mit mir machen.

Es leuchte dir
der Himmelslichter Zier,
ich sei dein Sternlein, hier
und dort zu funkeln.
Nun kehr ich ein,
Herr, rede du allein
beim tiefsten Stillesein
zu mir im Dunkeln.

Gerhard Tersteegen

IV.

# Das Ende der Zeit

Allmächtiger, ewiger Gott und Vater.
Weil nun abermals eine Woche vergangen ist,
so bitten wir dich,
du wollest dich über unser
enteilendes Leben gnädig erbarmen.
Vergib uns alles,
womit wir dich in dieser Woche erzürnt haben,
und rechne es uns um Jesu Christi willen
nicht zu.
Und da die Werkstatt unseres Lebens
und Treibens
in der vergangenen Woche in Unordnung
geraten ist,
so hilf uns jetzt aufräumen
und allen Unrat ausfegen
und mit deiner Hilfe
alles wieder in seine Ordnung bringen.

JOHANNES ZWICK

Mein Herr und mein Gott,
diese Woche war mein Leben ruhelos
ohne einen Gedanken an dich!
Ich verlor mich in Alltäglichkeiten,
im Vergnügen und im Pläneschmieden.
Nun bin ich ganz zerschlagen.
Ich habe versucht
mein Leben selbst zu gestalten,
und erfahren, daß es dann seinen Sinn verliert.

Weltlicher Ehrgeiz,
der Wunsch, andere zu beherrschen
und mich da zurückzuziehen,
wo mein Herrschen nicht möglich war,
hat meine Seele völlig zermürbt.
Ich bin gefallen.
Ich fühle mich schwach und betrübt.

O du, der du das menschliche Herz
mit großer Freude erfüllst,
bleibe bei mir, gib mir Freude!
Und laß mich den Sinn
meines Lebens erkennen.

M.A. Thomas

Herr unser Gott!
Unsere Jahre kommen und gehen.
Und wir selbst leben und sterben.
Du aber bist und bleibst.
Deine Herrschaft und deine Treue,
deine Gerechtigkeit und deine Barmherzigkeit
haben keinen Anfang und kein Ende.
Und so bist du der Ursprung und das Ziel
auch unseres Lebens.
So bist du der Richter
unserer Gedanken, Worte und Taten.

Uns tut leid, daß wir auch heute
nur bekennen können, dich bis auf diese Stunde
so oft, immer aufs neue, vergessen,
verleugnet, beleidigt zu haben.
Uns erleuchtet und tröstet
aber auch heute das Wort,
durch das du uns zu erkennen gibst,
daß du unser Vater bist,
wir deine Kinder sind,
weil dein lieber Sohn, Jesus Christus,
für uns ein Mensch geworden,
gestorben und auferstanden,
unser Bruder ist.

Wir hören dich, aber laß es doch geschehen,
daß wir dich recht hören!
Wir glauben dir,
aber hilf doch unserem Unglauben!
Wir möchten dir gehorchen,
aber mach doch Schluß mit all dem
viel zu Weichen und viel zu Harten in uns,
damit wir dir wirklich
und recht gehorchen!
Wir vertrauen dir, aber verjage doch
alle Gespenster aus unseren Herzen und Köpfen,
damit wir dir ganz und fröhlich vertrauen!
Wir fliehen zu dir,
aber laß uns doch ernstlich zurücklassen,
was dahinten bleiben muß,
und laß uns in heiterer Zuversicht
vorwärtsschauen und -gehen.

Karl Barth

O Herr,
bitter ist das Brot des Alters und hart.
Wie erschien ich mir früher reich –
wie arm bin ich nun,
einsam und hilflos.
Wozu tauge ich noch auf Erden?
Schmerzen plagen mich Tag und Nacht,
träge rinnen die Stunden
meiner schlaflosen Nächte dahin;
ich bin nur noch ein Schatten dessen,
der ich einmal war.
Ich falle den anderen zur Last.

Herr, laß genug sein.
Wann wird die Nacht enden
und der lichte Tag aufgehn?
Hilf mir geduldig zu sein.
Zeig mir dein Antlitz,
je mehr mir alles andere entschwindet.
Laß mich den Atem der Ewigkeit verspüren,
nun, da mir aufhört die Zeit.
Auf dich, Herr, habe ich gehofft;
laß mich nicht zugrunde gehen in Ewigkeit.

Michelangelo

Wir wollen Dich nicht fragen in der Nacht,
Gewähre nur, daß wir die Ewigkeit
Mehr fürchten, Herr, als die Gewalt der Zeit,
Und Dich mehr fürchten als der Menschen
Macht!

Du hast der Zeiten großen Plan erdacht,
Die Not geheiligt und den Schmerz geweiht:
Was wär der Glaube, sähen wir im Streit
Schon Deiner Sterne unverhüllte Pracht!

Dein ist die Macht. Des Tieres Macht ist tot,
Ob seiner Kronen blutumrauchter Schein
Das stille Werk der Jahre überdeckt.

Wir fragen nicht. Uns fordert Dein Gebot.
Wir tragen in die tiefste Nacht hinein
Dein mächtig Wort, das Tote auferweckt.

REINHOLD SCHNEIDER

Herr, du hast für uns den Tod
mit all seinen Schrecken zunichte gemacht.
Das Ende dieses Lebens auf Erden
hast du zum Anfang des wahren Lebens gemacht:
Für eine geraume Zeit läßt du
unsere Leiber in Frieden ruhen.
Dann rufst du sie beim letzten Schall der Posaune.
Aus Staub sind wir gemacht,
in den Staub legst du uns wieder zurück.
Du nimmst wieder an dich,
was du uns gegeben hast,
damit das Sterbliche und Schwache an uns
verwandelt wird in Schönheit und
Unsterblichkeit.

Gregor von Nyssa

O Liebe, du bist mein trauter Abendschein.
Wenn einst des Lebens Abendschein
hereinbricht für mich,
dann laß mich sanft entschlummern
und jene Ruhe finden,
die deinen Lieben bereitet ist.
Bedecke dann meine Dürftigkeit
mit deiner unendlichen Güte
und verhülle die Blößen
meines armen, unzureichenden Lebens,
daß meine Seele getröstet,
geborgen sei in deiner seligen Liebe.
Nun denn, o Lieber, befehle ich dir mein Leben
und meine Seele.
Laß mich in dir in Frieden ruhen!

Gertrud die Grosse

# V.

# Glaube und Festigkeit

Erhör, o Gott, mein Flehen,
hab auf mein Beten acht.
Du sahst von fern mich stehen,
ich rief aus dunkler Nacht.
Auf eines Felsens Höhe
erheb mich gnädiglich.
Auf dich ich hoffend sehe:
Du lenkst und leitest mich.

Du bist gleich einem Turme,
den nie der Feind bezwang.
Ich weiche keinem Sturme,
bei dir ist mir nicht bang.
In deinem Zelt bewahren
willst du mich immerdar.
Mich hütet vor Gefahren
dein schirmend Flügelpaar.

Edith Stein

Gib mir, Herr, nicht Gold und Silber,
sondern einen starken, festen Glauben.
Ich suche nicht Lust und Freude der Welt,
sondern Trost und Erquickung
durch dein heiliges Wort.

Nichts begehre ich,
das die Welt groß achtet;
denn ich bin dadurch vor dir
nicht um ein Haar breit gebessert.

Sondern deinen Heiligen Geist gib mir,
der mein Herz erleuchte,
mich in meiner Angst und Not stärke und tröste,
im rechten Glauben und Vertrauen
auf deine Gnade erhalte
bis an mein Ende.

MARTIN LUTHER

Vater im Himmel,
ich bitte weder um Gesundheit
noch um Krankheit,
weder um Leben noch um Tod,
sondern darum, daß du über meine Gesundheit
und meine Krankheit,
über mein Leben und meinen Tod
verfügst zu deiner Ehre und zu meinem Heil.
Du allein weißt, was mir dienlich ist.
Du allein bist der Herr,
tue, was du willst.
Gib mir, nimm mir;
aber mache meinen Willen dem deinen gleich,
daß ich in demütiger,
vollkommener Unterwerfung
und heiligem Vertrauen deine Befehle empfange.

Blaise Pascal

Nimm hin, o Herr, meine ganze Freiheit.
Nimm mein Gedächtnis,
meinen Verstand,
meinen ganzen Willen.
Was ich habe und besitze,
hast Du mir geschenkt.
Ich stelle es Dir wieder ganz und gar zurück
und übergebe alles Dir,
daß Du es lenkest nach Deinem Willen.
Nur Deine Liebe schenke mir
mit Deiner Gnade,
und ich bin reich genug
und suche nichts weiter.

Ignatius von Loyola

Herr, ich bekenne und danke dir,
daß du mich nach deinem Ebenbilde erschaffen,
damit ich deiner eingedenk sei
und dich liebe.

Aber es ist so von Sünden
zerstört und aufgerieben,
so dunkel vom Rauch der Sünden,
daß es nicht tun kann,
wozu es gemacht ist,
es sei denn,
du erneuerst und schaffest es um.

Ich versuche nicht, Herr,
zu deiner Höhe zu dringen,
weil mein Verstand mit ihr
in keinen Vergleich zu bringen ist;
ich wünsche, nur einigermaßen
deine Wahrheit zu begreifen,
die mein Herz glaubt und liebt.
Denn ich suche nicht zu begreifen,
um zu glauben,
sondern ich glaube, um zu begreifen.

Anselm von Canterbury

Ich danke dir, mein Herr, himmlischer Vater,
für alle deine Wohltat,
die du mir erzeigt hast,
daß du mich geschaffen hast
zu einem vernünftigen Menschen
und hast mich erlöset
durch das unschuldige Blut deines lieben Sohns,
meines lieben Herren und Heilandes Jesu Christ;
ich bitte dich, mein lieber Vater,
verleihe mir deine Gnade,
dein heiliges Wort wohl zu lernen,
christlich danach zu leben
und selig zu sterben,
durch Jesum Christum,
deinen lieben Sohn, unsern Herrn.

MARTIN LUTHER

Wir danken dir,
himmlischer Vater,
daß du uns deinen eingeborenen Sohn
geschenkt hast,
in dem du uns dich selber gibst und alle Dinge.
Wir bitten dich,
himmlischer Vater:
Wie du uns deinen Sohn Jesum Christum
gegeben hast,
durch den und in dem du keinem
etwas versagen willst noch kannst,
so erhöre uns in ihm
und mach uns frei
von allen unseren vielen Mängeln
und vereinige uns mit ihm in dir.

Meister Eckehart

Gottvater im Himmel,
Schöpfer von Raum und Zeit,
von Sternen und Atomen,
von Lebewesen und Menschen –
laß uns begreifen,
daß deine Herrlichkeit ewig
und unerschütterlich ist!

Laß uns jeden Einblick in deine Werke
zum Anlaß lobpreisender Bewunderung werden,
und jedes Kunstwerk zu einer Ahnung
deiner verborgenen Herrlichkeiten.

Bewahre uns vor der Sünde
menschlicher Überheblichkeit,
und laß uns mit Dankbarkeit empfinden,
daß all unser Wollen und Planen
deinem göttlichen Willen untergeordnet bleibt.

Decke deine erbarmende Liebe
über unsere Verfehlungen,
und laß uns ruhig werden in der Gewißheit,
daß wir keine andere Erlösung finden
als durch Jesus Christus, deinen Sohn.

PASCAL JORDAN

Christus, mein Erlöser, sei mir gnädig,
damit ich das Ziel erreiche; dies ist eine große
und heilbringende Aufgabe für mich.
Weder der strömende Regen noch die wilden Flüsse
und auch nicht die furchtbarsten Unwetter
werden mein Haus erschüttern können.
Mein Erlöser ist die Grundfeste,
auf der alles errichtet wurde.
Reiche mir die Hand und sei meine Hilfe;
führe meine Sache zu einem guten Ende,
damit ich dich preisen kann
als den Geber der wahren Gaben,
als den Herrn der himmlischen Wirklichkeiten,
als das Heil der Menschen.
Ohne dich, den Allmächtigen, ist nichts:
weder Tat noch Absicht, weder Geist noch Atem.
Keines der Dinge, auch nicht die besten,
werden ein gutes Ende finden ohne dich.
Herr, als du mich geschaffen hast,
gabst du mir Leib und Seele.
Als ich fiel, hast du mich aufgerichtet
und mir den Weg zum Himmel gewiesen.
Es gibt meinerseits kein Verdienst,
und doch wirst du mich führen
in dein Reich, wo ewiges Leben herrscht,
wo ich mit den reinen Geistern und allen Gerechten
das Loblied deiner Herrlichkeit anstimmen werde.

Maximus Confessor

Allmächtiger Gott!
Wir danken dir für dein Wort, durch das du uns
den Weg zum Heile weisest und erleuchtest.
Gib uns Augen, die dein Licht sehen können,
ja öffne unsere Augen,
denn wir sind selbst am hellen Tage blind.
Leite uns durch das innere Licht
deines Heiligen Geistes zum Lichte deines Wortes.
Mach uns gewiß, daß wir nur dich allein
nötig haben, um alles zu erlangen,
was wir brauchen.
Laß dein Licht beständig scheinen
und erquicke uns damit.
Laß das Glaubenslicht
in unsern Herzen nicht erlöschen,
nachdem du es in deiner Gnade entzündet hast.
Bringe uns endlich zu der Fülle,
die für uns im Himmel bereitet ist.
Laß uns jetzt zufrieden sein
mit dem Maß an Erkenntnis,
das du uns gegeben hast,
bis wir dich endlich
von Angesicht zu Angesicht schauen.
Gestalte uns zu deinem Ebenbilde
und gib uns teil an der vollkommenen Herrlichkeit,
in die du Jesus Christus, unsern Herrn,
aufgenommen hast.

JOHANNES CALVIN

Lebendiger Gott,
in unserer Dunkelheit entzündest du ein Feuer,
das nie verlöscht.

Durch den Geist des Lobpreises
holst du uns aus uns selbst heraus.
Uns Armen Gottes
hast du ein Geheimnis der Hoffnung anvertraut.

In die Zerbrechlichkeit des Menschen
hast du eine geistliche Kraft gelegt,
die nie wieder entschwindet.
Selbst wenn wir sie übergehen,
sie bleibt da, um uns voranzutragen.

Ja, in unserer Dunkelheit
entzündest du ein Feuer, das nie verlöscht.

FRÈRE ROGER, TAIZÉ

Herr, unser Gott!
Zu dir ruft ein Mensch am Tage der Not,
dir dankt er am Tage der Freude.
Oh, schön zu danken,
wenn ein Mensch so leicht versteht,
daß du gute und vollkommene Gaben gibst,
wenn selbst das fleischliche Herz
flugs bereit ist zu verstehen,
und selbst die irdische Verständigkeit
eilig einwilligt:
seliger doch zu danken,
wenn das Leben eine dunkle Rede wird,
seliger doch zu danken,
wenn das Herz beklommen ist,
wenn der Sinn verdunkelt ist,
wenn der Verstand verräterisch wird
in Zweideutigkeit
und das Gedächtnis trügerisch in Vergeßlichkeit,
wenn die Selbstliebe erschreckt zurückschaudert,
wenn die Klugheit Widerstand leistet,
wenn nicht in Trotz, so doch in Mißmut –
seliger, da Gott zu danken:
denn der, welcher also dankt, er liebt Gott,
er darf zu dir sagen, du Allwissender:
Herr, du weißt alles,
du weißt, daß ich dich liebe.

Sören Kierkegaard

O Herr Jesus, laß uns dein Wort
nicht dadurch zum Gericht werden,
daß wir es hören und nicht tun,
daß wir es kennen und nicht lieben,
daß wir ihm glauben,
aber ihm nicht gehorchen.

Thomas a Kempis

Gib mir, o Herr,
ein kindlich Herz zum Glauben,
ein mütterliches Herz zum Lieben,
ein männliches Herz zum Handeln!

Gib mir zur Kindlichkeit im Glauben:
Gewißheit!
Zur Mütterlichkeit im Lieben:
Lauterkeit und Innigkeit!
Zur Mannhaftigkeit im Handeln:
Demut und Zuversicht!
Dann bin ich reich genug,
und all meine Gebete sind erhört.

JOHANN MICHAEL SAILER

Schenke mir, mein Herr und Gott,
ein wachsames Herz,
das durch keinen Wissensdrang
von dir weggeführt wird;
ein edles Herz,
das durch keine Erbärmlichkeit
niedergezogen wird;
ein rechtschaffenes Herz,
das durch kein verkehrtes Streben
abgelenkt wird;
ein festes Herz,
das durch kein Ungemach zerbrochen wird;
ein freies Herz,
das durch keine Leidenschaft beherrscht wird.
Schenke mir, mein Herr und Gott,
Verstand, der dich erkennt;
Eifer, der dich sucht;
Weisheit, die dich findet;
Umgang, der dir gefällt;
Ausdauer, die getrost auf dich wartet;
Zuversicht, die dich zuletzt ganz besitzt.

THOMAS VON AQUIN

O Herr, unser Gott,
lehre uns, wir bitten dich,
die rechten Gewährungen
recht von dir zu erflehen.
Steuere du das Schiff unseres Lebens hin zu dir,
du ruhiger Hafen aller sturmgepeitschten Seelen.
Zeige uns den Kurs, den wir zu nehmen haben.
Erneuere in uns den Geist der Willigkeit.
Laß deinen Geist unsere launischen Sinne zügeln
und führe und kräftige uns zu dem,
was unser wahres Gut ist:
deine Gesetze zu halten
und in all unseren Werken stets froh zu werden
deiner herrlichen und erquickenden Gegenwart.
Dein ist der Ruhm und Preis
von allen deinen Heiligen
immer und ewig.

Basilius der Grosse

Herr, gib acht auf uns,
denn das Meer ist so groß
und unser Boot ist so klein.

Bretonisches Fischergebet

Auf dich allein ich baue,
du lieber treuer Gott.
Da ich auf dich vertraue,
verlaß mich nicht in Not.
Du, Herr, kannst mich erlösen
aus Sünde und Gefahr.
Errette mich vom Bösen;
dein Recht mach offenbar.

Dein Ohr in Huld mir neige,
schick eilends Hilfe her;
dein Treue mir erzeige,
reiß mich aus Ängsten schwer.
Sei mir in diesen Tagen
ein Fels, ein sichres Haus,
dahin ich flieh ohn Zagen;
hilf mir in Gnaden aus.

Es steht in deinen Händen
die Zeit und Lebensfrist;
du kannst mein Unglück wenden,
wie es dein Wille ist.
O Herr, in deine Hände
befehl ich meinen Geist,
daß du mich dem Elende,
mein treuer Gott, entreißt.

Der Herr sei hochgepriesen,
der Wunderbares tat
und der mir Gnad erwiesen
in seiner festen Stadt.
Drum, die ihr habt Vertrauen
und unverzagten Mut,
seid wohlgetrost ohn Grauen:
Gott ist gerecht und gut.

Caspar Ulenberg

VI.

# Neues Leben

Schick
deinen engel
zur nacht

gib
deine träume
zum reich

und
ein aufstehn
zu dir

Rudolf Bohren

Ich ruf zu dir, Herr Jesu Christ,
ich bitt, erhör mein Klagen;
verleih mir Gnad zu dieser Frist,
laß mich doch nicht verzagen.
Den rechten Glauben, Herr, ich mein,
den wollest du mir geben,
dir zu leben,
meinem Nächsten nütz zu sein,
dein Wort zu halten eben.

Verleih, daß ich aus Herzensgrund
den Feinden mög vergeben;
verzeih mir auch zu dieser Stund,
schaff mir ein neues Leben;
dein Wort mein Speis laß allweg sein,
damit mein Seel zu nähren,
mich zu wehren, wenn Unglück schlägt herein,
das mich bald möcht verkehren.

Johann Agricola

Mein Herr Christe,
hast du durch deine Auferstehung
meine Sünde überwunden
und unter die Füße getreten,
warum will ich mich fürchten und erschrecken,
warum sollte mein Herz
nicht einen guten Mut haben
und fröhlich sein?

MARTIN LUTHER

Verleih uns, o Herr,
daß die Ohren,
die deinen Lobpreis gehört haben,
verschlossen seien für die Stimme
des Streites und Unfriedens;
daß die Augen,
die deine große Liebe gesehen haben,
auch deine selige Hoffnung schauen;
daß die Zungen,
die dein Lob gesungen haben,
hinfort die Wahrheit bezeugen;
daß die Füße,
die in deinen Vorhöfen gestanden haben,
hinfort gehen auf den Wegen des Lichtes;
und daß die Leiber,
die an deinem lebendigen Leibe
Anteil gehabt haben,
in einem neuen Leben wandeln.
Dir sei Dank für deine unaussprechliche Gabe!

SÜDINDISCHE (MALABAR-) LITURGIE

O Herr, der du Erbarmen hast mit allem,
nimm hinweg von mir meine Sünden,
und entzünde gnädig in mir
das Feuer deines Heiligen Geistes.
Nimm hinweg von mir dies Herz von Stein
und gib mir ein Herz von Fleisch und Blut,
ein Herz dich zu lieben und anzubeten,
ein Herz in dir mich zu erfreuen,
dir zu folgen und zu gefallen,
um Christi willen.

Ambrosius

O du allergnädigster Herr Jesus Christus!
Ziehe uns Schwache zu dir;
denn wo du uns nicht ziehen wirst,
so können wir nicht folgen.
Gib uns einen starken Geist,
der da willig sei,
obgleich das Fleisch schwach ist,
daß es doch durch deine Hilfe folge.
Denn ohne dich vermögen wir nichts zu tun,
am allerwenigsten um deinetwillen
in den Tod zu gehen.
Gib uns einen willigen Geist,
ein unerschrockenes Herz im rechten Glauben.
eine feste Hoffnung,
daß wir um deinetwillen
auf das geduldigste und mit Freuden
von uns legen unser Leben.

JOHANN HUS

Herr, öffne meine Augen,
daß ich die Not der anderen sehe;
öffne meine Ohren,
daß ich ihren Schrei höre;
öffne mein Herz,
daß sie nicht ohne Beistand bleiben.
Gib, daß ich mich nicht weigere,
die Schwachen und Armen zu verteidigen,
weil ich den Zorn der Starken
und der Reichen fürchte.
Zeig mir,
wo man Liebe, Glauben und Hoffnung nötig hat,
und laß mich deren Überbringer sein.
Öffne mir Augen und Ohren,
damit ich für den Frieden wirken kann.

Schenke mir eine gute Verdauung, Herr,
und auch etwas zum Verdauen.
Schenke mir Gesundheit des Leibes,
mit dem nötigen Sinn dafür,
ihn möglichst gut zu erhalten.

Schenke mir eine heilige Seele, Herr,
die das im Auge behält,
was gut ist und rein,
damit sie im Anblick der Sünde nicht erschrecke,
sondern das Mittel finde,
die Dinge wieder in Ordnung zu bringen.

Schenke mir eine Seele,
der die Langeweile fremd ist,
die kein Murren kennt
und kein Seufzen und Klagen,
und laß nicht zu,
daß ich mir allzuviel Sorgen mache
um dieses sich breit machende Etwas,
das sich „Ich“ nennt.

Herr, schenke mir Sinn für Humor,
gib mir die Gnade,
einen Scherz zu verstehen,
damit ich ein wenig Glück kenne im Leben
und anderen davon mitteile.

Thomas Morus

VII.

# Verantwortung und Frieden

Im Frieden dein, o Herre mein,
laß ziehn mich meine Straßen.
Wie mir dein Mund gegeben kund,
schenkst Gnad du ohne Maßen,
hast mein Gesicht das selge Licht,
den Heiland, schauen lassen.

Mir armem Gast bereitet hast
das reiche Mahl der Gnaden.
Das Lebensbrot stillt Hungers Not,
heil meiner Seele Schaden.
Ob solchem Gut jauchzt Sinn und Mut
mit alln, die du geladen.

O Herr, verleih, daß Lieb und Treu
in dir uns all verbinden,
daß Hand und Mund zu jeder Stund
dein Freundlichkeit verkünden,
bis nach der Zeit den Platz bereit
an deinem Tisch wir finden.

Friedrich Spitta

Herr, Gott des Friedens,
wir sagen dir Dank
für alle Sehnsucht, alles Bemühen, alles Tun,
das dein Geist des Friedens
in unserer Zeit entflammt,
um den Haß durch die Liebe zu überwinden,
das Mißtrauen durch das Verstehen,
die Gleichgültigkeit durch die brüderliche
Verbundenheit.
Öffne noch mehr unseren Geist und unser Herz
für alle unsere Brüder,
die jetzt die Liebe brauchen,
auf daß wir immer mehr
zu Vollbringern des Friedens werden.

Papst Paul VI.

Allmächtiger, ewiger Gott,
himmlischer Vater,
du hast also geordnet und befohlen,
daß ich Jura studieren,
lernen und sprechen soll, was recht ist;
darum gib du deine Gnade und Segen dazu,
daß ich alleine die Wahrheit
suche und finde und tue nur,
was dir gefällig ist,
dir zu Ehren
und Land und Leuten zum Nutzen
um Christus willen,
deines lieben Sohnes,
meines Herrn und Heilandes.

MARTIN LUTHER

Lieber Vater im Himmel,
laß uns als deine Kinder
vor dein Angesicht kommen
und gib uns, was wir brauchen,
damit wir nicht in der Unruhe des Lebens bleiben,
sondern die heilige Ruhe bekommen
als deine Kinder,
die versorgt sind
und die auch durch alles Ungemach dieser Zeit
getrost hindurchwandeln dürfen,
weil ihr Weg zu dir,
dem ewigen Vater im Himmel, geht.
Behüte uns, daß wir nicht abwärts kommen
und nicht in vergänglichen Dingen
uns mühen müssen,
und mache uns stark
durch dein Licht in den Ewigkeiten
und in der ewigen Wahrheit des Lebens.

CHRISTOPH BLUMHARDT

Herr, wie weit bin ich noch
von der wahren Liebe und Demut entfernt!
Du lehrst mich, daß es nichts Großes ist,
mit guten und freundlichen
Menschen umzugehen;
das ist von Natur aus angenehm;
ein jeder hat gerne Frieden
und hat diejenigen am liebsten,
die so denken wie er.
Hingegen ist es eine große Gnade,
ein männliches Tun und überaus rühmlich,
mit eigensinnigen, verkehrten, zuchtlosen
oder uns feindlichen Menschen
in Frieden zu leben.
Gewähre mir, Herr, ich bitte dich, diese Gnade,
ohne die ich nicht lange den Frieden
mit dem Nächsten werde bewahren können;
denn ich bin stets zum Zorne
und zur Entrüstung geneigt.
Wieviel nötiger hätte ich es,
mich selbst zu bessern,
als mich über die Fehler anderer zu entrüsten.
Wie bereitwillig müßte ich
die Mängel anderer ertragen,
da ich selbst ertragen werden will.

Thomas a Kempis

Geheiligt werde Dein Name,
*nicht meiner;*
Dein Reich komme,
*nicht das meine;*
Dein Wille geschehe,
*nicht der meine.*
Gib uns Frieden mit Dir,
Frieden mit den Menschen,
Frieden mit uns selbst
und befreie uns von Angst.

DAG HAMMARSKJÖLD

Christus, ich habe mich geirrt
und habe dein Vertrauen aufs Spiel gesetzt.
Ich war hochmütig und bin tief gefallen.
Du aber richtest mich wieder auf.
Ich weiß, daß ich mich selbst getäuscht habe.
Wenn ich selber mich aufrichte,
könnte ich wieder fallen,
und das wäre verhängnisvoll.
Richte du mich wieder auf!
Sonst bin ich verloren.
Darf ich auf deine Liebe zu mir hoffen?

Gregor von Nazianz

Gib uns, daß ein Tag dem andern sage,
wie wir uns verhalten sollen,
und wie wir unter dem Elend dieses Lebens
in Geduld ein vollkommenes Werk haben sollen.
Mache uns von unnötigen Sorgen
und Gewissensbedenken frei,
als wichest du von uns,
wenn wir den natürlichen Dingen ihr Recht tun.
Stärke uns, daß Weg und Ziel
so zueinander stimmen,
daß leiblich und geistlich
einander die Hand biete.

FRIEDRICH OETINGER

Was soll ich tun?
Ist es klug zu schweigen?
Oder feige?
Ist es klug, nichts zu tun?
Oder träge?
Ist es klug zu handeln?
Oder übereilt?
Ist es klug zu reden?
Oder überheblich?
Was soll ich tun, Heiliger Geist?

Anton Rotzetter

Sei mir gnädig, o Gott, sei mir gnädig,
denn ich flüchte mich zu dir.
Im Schatten deiner Flügel finde ich Zuflucht,
bis das Unheil vorübergeht.
Ich rufe zu Gott, dem Höchsten,
zu Gott, der mir beisteht.
Er sende mir Hilfe vom Himmel;
meine Feinde schmähen mich.
Gott sende seine Huld und Treue.
Ich muß mich mitten unter Löwen lagern,
die gierig auf Menschen sind.
Ihre Zähne sind Spieße und Pfeile,
ein scharfes Schwert ihre Zunge.
Sie haben meinen Schritten ein Netz gelegt
und meine Seele gebeugt.
Sie haben mir eine Grube gegraben;
doch fielen sie selbst hinein.
Erheb dich über die Himmel, o Gott!
Deine Herrlichkeit erscheine
über der ganzen Erde.
Mein Herz ist bereit, o Gott,
mein Herz ist bereit,
ich will dir singen und spielen.
Wach auf, meine Seele!
Wacht auf, Harfe und Saitenspiel!
Ich will das Morgenrot wecken.
Ich will dich vor den Völkem preisen, Herr,
dir vor dem Nationen lobsingen.

Denn deine Güte reicht, so weit der Himmel ist,
deine Treue, so weit die Wolken ziehn.
Erheb dich über die Himmel, o Gott;
deine Herrlichkeit erscheine
über der ganzen Erde.

Psalm 57

Lieber Gott,
verleihe uns auch
eyn friedlich hertz und guten mut
im kampf und unruge wider den Teuffel,
auff das wir nicht alleyn erdulden
und entlich obliegen,
Sondern auch mitten im kampff und unruge
friede haben mögen, dich loben und dancken
und nit murren noch ungedultig werden
wider deinen göttlichen willen,
damit der fride in unserem hertzen
den sieg behalte,
das wir nichts wider dich, unsern Gott,
noch Menschen durch ungedult fürnemmen,
sondern beyde innwendig und außwendig
gegen Gott und den Menschen
still und friedlich bleiben,
biß der entliche und ewige friede komme.

Martin Luther

Gib mir, Gott, die Gelassenheit,
Dinge hinzunehmen, die ich nicht ändern kann.
Gib mir den Mut,
Dinge zu ändern, die ich ändern kann.
Gib mir die Weisheit,
das eine von dem anderen zu unterscheiden.

Friedrich Oetinger

Allmächtiger Gott und Herr meines Lebens,
befreie mich von dem Geist
der Trägheit und der Leichtfertigkeit,
des Stolzes und der Geschwätzigkeit.
Gewähre statt dessen deinem Diener
den Geist der Klugheit und der Demut,
der Geduld und der Barmherzigkeit.
Allmächtiger Gott und Herr,
laß mich meine Sünden erkennen
und nicht über meinen Bruder urteilen;
denn dir sei aller Lobpreis,
von Ewigkeit zu Ewigkeit.

EPHRAEM DER SYRER

Vater der Barmherzigkeit und Gott allen Trostes,
ich flehe dich an im Namen Jesu
um die wahre christliche Geduld;
rüste mich damit aus wider alle Trübsal,
mache mich willig, dies Kreuz auf mich zu nehmen,
es geduldig zu tragen
und freudig darunter auszuharren;
vertreibe alles Murren des Fleisches
über die Last des Kreuzes
und über die Langwierigkeit der Zeit.
Stelle dich, liebster Jesu,
mit deiner Geduld am Kreuze
mir vor Augen und Herz,
daß ich durch dein Anschauen gestärkt werde,
beständiger auszuhalten.
Laß mich, o getreuer Heiland,
in meinem Mute nicht müde werden,
sondern in Geduld durch Leiden und Trübsal
in das Reich Gottes eingehen.
Geduld ist mir Not,
daß ich deinen Willen tue und
die Verheißung empfange.
Darum erflehe ich sie von dir,
du wirst sie mir nicht verweigern.

JOHANN ARNDT

Herr Jesus Christus,
der du uns geboten hast,
nicht Böses mit Bösem zu vergelten,
sondern für die zu beten,
die uns hassen und beneiden,
mach, daß wir durch das Beispiel
des Heiligen Geistes
unsere Feinde lieben
und insbesondere für sie beten.
Mach, o Christus, Sohn Gottes,
daß unser Gebet für sie aufrichtig sei,
von denen du weißt,
daß sie uns Böses angetan haben.
Wenn wir in irgendeiner Weise
der Grund gewesen sind für die Beleidigungen,
die sie uns angetan haben,
dann bessere uns und ebne uns
den Weg zu einer heiligen Versöhnung.
Mach, daß ihr Zorn
nicht immer weiter gegen uns glühe,
sondern befreie sie und uns
von der bösen Gewalt des Hasses,
auf daß wir bereit sind,
die Vergehen auf beiden Seiten wiedergutzumachen.
Mach, daß der Friede Gottes
unser Herz und unseren Verstand lenke,
jetzt und in alle Ewigkeit.

ANSELM VON CANTERBURY

VIII.

# Erbarmen und Fürbitte

O Herr, da du mir alles entzogen hast,
was ich von dir habe,
so laß mir doch gnädig dieselbe Gabe,
die du von Natur einem Hunde gegeben hast,
das ist, daß ich dir getreu sei in meiner Not
ohne alles Widerstreben.
Danach verlange ich wahrlich mehr
als nach deinem Himmelreich.

Mechthild von Magdeburg

Ich bitte dich
um die große Kraft
diesen kleinen Tag
zu bestehen,
um auf dem großen Weg
zu dir
einen kleinen Schritt
weiterzugehen.

Ernst Ginsberg

Zeig mir, Herr, deine Barmherzigkeit
und erfreue mein Herz in ihr.
Laß mich dich finden,
den ich in meiner Sehnsucht suche.
Sieh hier den Menschen, den die Räuber fingen,
schlugen und halbtot liegen ließen,
als er auf dem Weg war nach Jericho.
Du mildherziger Samaritan,
nimm mich auf!
Ich bin das Schaf, das in die Irre ging –
such mich auf und bring mich
wieder heim in deine Hürde.
Tu mit mir nach deinem Wohlgefallen,
auf daß ich bei dir verbleibe
alle Tage meines Lebens
und immer und ewig dich mit denen preise,
die bei dir sind.

HIERONYMUS

In den Tiefen, die kein Trost erreicht,
laß doch deine Treue mich erreichen.
In den Nächten, wo der Glaube weicht,
laß nicht deine Gnade von mir weichen.

Auf dem Weg, den keiner mit mir geht,
wenn zum Beten die Gedanken schwinden,
wenn mich kalt die Finsternis umweht,
solltest du in meiner Not mich finden.

Wenn die Seele wie ein irres Licht
flackert zwischen Werden und Vergehen,
wenn es mir an Trost und Rat gebricht,
wollest du an meiner Seite stehen.

Wenn ich deine Hand nicht fassen kann,
nimm die meine du in deine Hände,
nimm dich meiner Seele gnädig an,
führe mich zu einem guten Ende.

JUSTUS DELBRÜCK

Gott, sei mir gnädig nach deiner Huld,
tilge meine Frevel nach deinem reichen Erbarmen!
Wasch meine Schuld von mir ab,
und mach mich rein von meiner Sünde!
Denn ich erkenne meine bösen Taten,
meine Sünde steht mir immer vor Augen.
Gegen dich allein habe ich gesündigt,
ich habe getan, was dir mißfällt.
So behältst du recht mit deinem Urteil,
rein stehst du da als Richter.
Denn ich bin in Schuld geboren;
in Sünde hat mich meine Mutter empfangen.
Lauterer Sinn im Verborgenen gefällt dir,
im Geheimen lehrst du mich Weisheit.
Entsündige mich mit Ysop, dann werde ich rein;
wasche mich, dann werde ich weißer als Schnee.
Sättige mich mit Entzücken und Freude!
Jubeln sollen die Glieder,
die du zerschlagen hast.
Verbirg dein Gesicht vor meinen Sünden,
tilge all meine Frevel!
Erschaffe mir, Gott, ein reines Herz,
und gib mir einen neuen, beständigen Geist!
Verwirf mich nicht von deinem Angesicht,
und nimm deinen heiligen Geist nicht von mir!
Mach mich wieder froh mit deinem Heil;
mit einem willigen Geist rüste mich aus!
Dann lehre ich Abtrünnige deine Wege,
und die Sünder kehren um zu dir.

Befrei mich von Blutschuld,
Herr, du Gott meines Heiles,
dann wird meine Zunge jubeln
über deine Gerechtigkeit.
Herr, öffne mir die Lippen,
und mein Mund wird deinen Ruhm verkünden.

PSALM 51

Misere mei, Deus,
secundum magnam misericordiam tuam,
habe Erbarmen mit mir, Herr,
nicht mit jener
kleinen Barmherzigkeit der Menschen,
sondern mit deiner großen unbegreiflichen,
die in ihrer Unendlichkeit
größer ist denn alle Schuld.
Neige dich zu mir, Herr,
mit jenem großen Erbarmen,
mit dem du die Welt so sehr geliebt,
daß du deinen eingeborenen Sohn für uns
dahingabst.
Gibt es eine Gnade, die größer wäre?
Hat eine andere Liebe je Höheres vermocht?
Wer will hier noch verzweifeln
statt zu hoffen und zu vertrauen?
Gott ist Mensch geworden
und für uns Menschen ist er ans Kreuz geschlagen.
Sei uns gnädig, Herr,
nach deiner großen Barmherzigkeit,
mit der du deinen Sohn für uns gegeben
und durch ihn die Sünden der Welt
gesühnt und getilgt hast.
In einem Kreuz hast du der ganzen Welt
das Licht und das Heil beschert.
Aus solcher Barmherzigkeit hast du alles,
was im Himmel und auf Erden ist,
wieder erneuert und aufgerichtet.

Wasche mich, Herr, mit seinem Blute!
Erleuchte mich in seiner Erniedrigung!
Erneuere mich in seiner Auferstehung!
Sei mir gnädig, Herr,
nicht nach deiner kleinen Barmherzigkeit,
denn klein scheint sie, wenn du die Menschen
von den leiblichen Schmerzen befreist.
Doch groß ist dein Erbarmen,
wenn du die Sünden vergibst
und durch deine Gnade
die Menschen hinaushebst über diese Erde!
Also sei mir gnädig, mein Herr,
nach jener großen Barmherzigkeit,
bekehre mein Herz zu dir,
auf daß ich meine Missetat bereue und beweine!
Rechtfertige und erlöse mich durch deine Gnade!

Girolamo Savonarola

Sprich deinen milden Segen
zu allen unsern Wegen,
laß Großen und auch Kleinen
die Gnadensonne scheinen.

Sei der Verlaßnen Vater,
der Irrenden Berater,
der Unversorgten Gabe,
der Armen Gut und Habe.

Hilf gnädig allen Kranken,
gib fröhliche Gedanken
den hochbetrübten Seelen,
die sich mit Schwermut quälen.

Und endlich, was das meiste,
füll uns mit deinem Geiste,
der uns hier herrlich ziere
und dort zum Himmel führe.

PAUL GERHARDT

Herr, erbarme dich
all meiner Freunde und Mitarbeiter
und all meiner Wohltäter;
jener, die für mich beten,
und jener, die auf mein Gebet vertrauen.
Schenke ihnen den Geist
aufrichtiger Reue und Umkehr,
und hilf ihnen, die Leidenschaften zu besiegen,
damit sie einen rechten Lebenswandel
führen können.
Gib, daß sie stets und in allem
deinen Willen und deine Ehre suchen.
Herr, erbarme dich auch der Bischöfe,
der Regierenden und der ganzen Christenheit.

PETRUS DAMIANI

Herr, erwecke deine Kirche
und fange bei mir an.
Herr, baue deine Gemeinde
und fange bei mir an.
Herr, laß Frieden und Gotteserkenntnis
überall auf Erden kommen
und fange bei mir an.
Herr, bringe deine Liebe und Wahrheit
zu allen Menschen
und fange bei mir an.

Chinesische Christen

Nimm sie auf
in die Arme deiner Gnade –
die Kranken, Verkorksten,
Ratlosen und Matten,
den ganzen Abschaum
unsrer müden Stadt.

Nimm sie auf
in die Arme deiner Gnade,
nimm sie auf
in die Arme deiner Liebe –
sie, die keinen Anspruch
auf Liebe von oben erheben.

LANGSTON HUGHES

Herr, wir bitten dich:
Präge das Bild des Hirten
den Herzen aller Verantwortlichen ein.
Gib allen, die Einfluß haben, Mut,
damit sie nicht schweigen,
wenn Mißstände aufzudecken sind.
Erleuchte sie,
damit sie erkennen, was recht ist,
und alles tun, was den Völkern Frieden bringt.
Stärke auch unser Selbstvertrauen,
damit wir bereit und fähig sind,
zum Wohl der Menschen Verantwortung
zu übernehmen.
Hilf uns,
die Sorge um die Zukunft der Menschheit
mitzutragen.
Denn du hast uns Macht gegeben über die Erde
Dich preisen wir in Ewigkeit. Amen.

O Gott, Vater jedes Menschen,
du forderst alle auf,
Liebe dorthin zu tragen,
wo Arme erniedrigt werden,
Freude dorthin, wo die Kirche
erniedrigt ist,
und Versöhnung dorthin,
wo Menschen voneinander getrennt sind,
der Vater vom Sohn,
die Mutter von der Tochter,
der Mann von seiner Frau,
der Glaubende von dem,
der nicht glauben kann,
der Christ von seinem
ungeliebten christlichen Bruder.
Du bahnst uns diesen Weg,
damit der verwundete Leib Jesu Christi,
deine Kirche, Femment der
Gemeinschaft für die Armen der Erde
und für die ganze Menschheitsfamilie sei.

Mutter Teresa und Frère Roger, Taizé

IX.

# Großer Gott

Wir suchen dich nicht.
Wir finden dich nicht.
Du suchst und du findest uns,
Ewiges Licht.

Wir lieben dich wenig,
Wir dienen dir schlecht,
Du liebst und du dienst uns,
Ewiger Knecht.

Wir eifern im Unsern
Am selbstischen Ort,
Du mußt um uns eifern,
Ewiges Wort.

Wir können dich, Kind
In der Krippe, nicht fassen.
Wir können die Botschaft nur
Wahr sein lassen.

Albrecht Goes

Herr, unser Herrscher, wie gewaltig
ist dein Name auf der ganzen Erde;
über den Himmel breitest du deine Hoheit aus.
Aus dem Mund der Kinder und Säuglinge
schaffst du dir Lob,
deinen Gegnern zum Trotz;
deine Feinde und Widersacher
müssen verstummen.
Seh' ich den Himmel, das Werk deiner Finger,
Mond und Sterne, die du befestigst:
Was ist der Mensch, daß du an ihn denkst,
des Menschen Kind, daß du dich seiner annimmst?
Du hast ihn nur wenig geringer gemacht als Gott,
hast ihn mit Herrlichkeit und Ehre gekrönt.
Du hast ihn als Herrscher eingesetzt
über das Werk deiner Hände,
hast ihm alles zu Füßen gelegt:
All die Schafe, Ziegen und Rinder
und auch die wilden Tiere,
die Vögel des Himmels und die Fische im Meer,
alles, was auf den Pfaden der Meere dahinzieht.
Herr, unser Herrscher,
wie gewaltig ist dein Name auf der ganzen Erde!

PSALM 8

Du bist erhaben über die ganze Schöpfung.
Wie kann ich dich loben?
Wie können Worte dich rühmen?
Wie kann ein Verstand dich begreifen?
Du allein bist unaussprechlich.
Und doch ist alles, was sprechen kann,
das Werk deiner Schöpfung.
Du allein bist unerkennbar.
Und doch ist alles, was erkannt werden kann,
das Werk deiner Schöpfung.
Alle Geschöpfe lobpreisen dich mit lauter Stimme,
jene, welche sprechen können,
und jene, welche nicht sprechen können.
Alle Geschöpfe rühmen dich,
jene, welche denken können,
und jene, welche nicht denken können.
Ja, vor dir vereinen sich alle Wünsche
sowie die Leiden aller Menschen.
Alle Geschöpfe beten zu dir,
jedes Wesen, das deine Zeichen
zu erkennen vermag,
stimmt ein Loblied an.

GREGOR VON NAZIANZ

Erhaben sind die Werke Gottes,
mit Lust beschaut von allen, die sie lieben.
Ich danke dir, mein Schöpfer und Herr,
für die Freude, die du mir
an deiner Schöpfung geschenkt hast, –
für diese Verzückung über die Werke deiner Hände.
Wenn ich irgend etwas gesagt habe,
das deiner ganz unwürdig wäre,
oder wenn ich je meinen eigenen Ruhm
gesucht habe,
dann vergib mir gnädiglich.

Johann Kepler

Preis sei dir, o Herr,
der du uns von Anbeginn
in deiner Freiheit erschaffen hast.
Preis sei dir, o Herr,
der du uns zu deinem lebendigen
Ebenbild berufen hast.
Preis sei dir, o Herr,
der du uns geadelt hast
mit den Gaben der Freiheit und der Vernunft.
Preis sei dir, du gerechter Vater,
der du uns durch die Liebe besitzen wolltest.
Preis sei dir, allheiliger Sohn,
der du unsern Leib angenommen hast,
um uns zu retten.
Preis sei dir, Geist des Lebens,
der du uns mit deinen Gaben beschenktest.
Jeder Mund soll dich loben,
Vater, Sohn und Heiliger Geist.
Von den Höhen herab bis zu den Tiefen
sei Preis der Dreifaltigkeit
durch Zeit und Ewigkeit.

Simeon der Neue Theologe

Ich lobe dich, Herr, errettet
durch deine Barmherzigkeit.
Ich lobe dich, Herr, geehrt
durch deine Erniedrigung.
Ich lobe dich, Herr, geführt
durch deine Milde.
Ich lobe dich, Herr, regiert
durch deine Weisheit.
Ich lobe dich, Herr, beschirmt
durch deine Gewalt.
Ich lobe dich, Herr, geheiligt
durch deine Gnade.
Ich lobe dich, Herr, erleuchtet
durch dein inneres Licht.
Ich lob dich Herr, erhöht
durch deine Güte.

MECHTHILD VON MAGDEBURG

Großer Gott, wir loben dich,
Herr, wir preisen deine Stärke.
Vor dir neigt die Erde sich
und bewundert deine Werke.
Wie du warst vor aller Zeit,
so bleibst du in Ewigkeit.

Alles, was dich preisen kann,
Cherubim und Seraphinen
stimmen dir ein Loblied an;
alle Engel, die dir dienen,
rufen dir stets ohne Ruh
„Heilig, heilig, heilig" zu.

Heilig, Herr Gott Zebaoth!
Heilig, Herr der Himmelsheere,
starker Helfer in der Not!
Himmel, Erde, Luft und Meere
sind erfüllt von deinem Ruhm;
alles ist dein Eigentum.

Ignaz Franz

Komm, Trost der Nacht, o Nachtigall.
Laß deine Stimm mit Freudenschall
Aufs lieblichste erklingen;
Komm, komm und lob den Schöpfer dein,
Weil andre Vögel schlafen ein
Und nicht mehr mögen singen;
Laß dein Stimmlein
Laut erschallen, denn vor allen
Kannst du loben
Gott im Himmel, hoch dort oben.

Obschon ist hin der Sonnenschein
Und wir im Finstern müssen sein,
So können wir doch singen
Von Gottes Güt und seiner Macht,
Weil uns kann hindern keine Nacht
Sein Loben zu vollbringen.
Drum dein Stimmlein
Laß erschallen, denn vor allen
Kannst du loben
Gott im Himmel, hoch dort oben.

Echo, der wilde Widerhall,
Will sein bei diesem Freudenschall
Und lässet sich auch hören;
Verweist uns alle Müdigkeit,
Der wir ergeben allezeit,
Lehrt uns den Schlaf betören.

Drum dein Stimmlein
Laß erschallen, denn vor allen
Kannst du loben
Gott im Himmel, hoch dort oben.

Die Sterne, so am Himmel stehn,
Sich lassen Gott zum Lobe sehn
Und Ehre ihm beweisen;
Die Eul auch, die nicht singen kann,
Zeigt doch mit ihren Heulen an,
Daß sie auch Gott tu preisen.
Drum dein Stimmlein
Laß erschallen, denn vor allen
Kannst du loben,
Gott im Himmel, hoch dort oben.

Nur her, mein liebstes Vögelein,
Wir wollen nicht die faulsten sein
Und schlafen liegen bleiben,
Vielmehr bis daß die Morgenröt
Erfreuet diese Wälderöd
In Gottes Lob vertreiben;
Laß dein Stimmlein
Laut erschallen, denn vor allen
Kannst du loben
Gott im Himmel, hoch dort oben.

Christoffel von Grimmelshausen

Allmächtiger, heiliger Gott, zu dir will ich kommen und zu dir beten. Ich will dich bekennen, dich, Vater, Sohn und Heiliger Geist, dich loben, dich preisen, dich anbeten. Ich will dir danken ob deiner großen Herrlichkeit.

Was soll ich zu dir sagen, mein Gott? Soll ich alle Worte zusammensuchen, die deinen heiligen Namen rühmen, soll ich dir alle Namen dieser Erde geben, dir, du Namenloser? Gott meines Lebens dich nennen, Sinn meines Lebens, Ziel meiner Wege, Weihe meiner Taten? Bitterkeit meiner bitteren Stunden, Heimat meiner Einsamkeit, du mein geheimstes Glück? Soll ich sagen: Schöpfer, Erhalter, Begnadiger, Naher, Ferner, Unbegreiflicher, Gott der Blumen und der Sterne, Gott des sanften Windes und der fürchterlichen Schlachten. Weisheit, Macht, Treue du und Wahrhaftigkeit, Ewigkeit und Unermeßlichkeit, du Allbarmherziger, du Gerechter, du Liebe?

Was soll ich zu dir sagen, o mein Gott? Soll ich dir klagen, daß du mir so ferne bist, daß dein Schweigen so unheimlich ist und so lebenslang? Daß du mir zu langmütig bist und daß deine Wege, Herr, auf denen doch wir gehen müssen – nicht du –, so unbegreiflich verwirrt und unabsehbar sind? Aber wie sollte ich so klagen? Wie über deine Ferne, wo doch deine Nähe mir ebenso unheimlich ist. Wie über deine Langmut, wo ich doch von ihr mein sündiges Leben friste. Wie über die Unbegreiflichkeit deiner Wege, wo sie doch die Unbegreiflichkeit deiner Wege, wo sie doch von meinem bösen und wirren Willen verwirrt wurden.

Was soll ich dir sagen, mein Gott, als daß ich ein Sünder bin? Aber das weißt du besser als ich, und ich würde es ja doch nicht glauben und nicht wahrhaben wollen, stände nicht dein Wort gegen mich auf. Herr, geh nicht weg von mir, denn ich bin ein sündiger Mensch. Ist's nicht besser so als anders zu sagen? Wohin sollte ich mit meiner Schwäche, meiner Herzensträgheit, mit der Zweideutigkeit und Fragwürdigkeit selbst noch des Besten in mir hinflüchten, wenn nicht zu dir? Gott der Sünder, Gott der gewöhnlichen, der alltäglichen, der feigen und durchschnittlichen Sünder! O Gott, meine Sünde ist nicht großartig; sie ist so alltäglich, so durchschnittlich, so das Übliche, daß man sie auch übersehen kann. Freilich nur dann, wenn man dich, den Allheiligen, übersieht und wenn man vergißt, daß du unser Herz ganz und ungeteilt, brennend und zu allem bereit besitzen willst in eifersüchtiger Liebe. O Gott, wohin sollte ich flüchten?

Herr, siehe her, sieh mein Elend. Zu wem sollte ich fliehen, wenn nicht zu dir? Wie sollte ich mich ertragen, wenn nicht im Gedanken, daß du mich erträgst, wenn nicht in der Erfahrung, daß du noch gut mit mir bist. Schau auf mein Elend. Schau an deinen Knecht: den trägen und störrischen, den oberflächlichen. Schau an meine Gebete: wie widerwillig und mürrisch werden sie dir gezollt, und meistens ist mein Herz froh, wenn es vom Reden mit dir wieder zu etwas anderem übergehen darf. Schau an meine Arbeit: sie ist recht und schlecht, erzwungen durch den Zwang des Alltags, selten eingegeben von der treuen Liebe zu dir.

Nur wenn du mir deine Gnade schenkst, werde ich empfinden, daß ich ihrer bedarf. Nur das Geschenk deines Erbarmens läßt mich erkennen und eingestehen, daß ich ein armer Sünder bin. Nur deine Liebe gibt mir den Mut, mich zu hassen, ohne zu verzweifeln.

Karl Rahner

Vater unser im Himmel,
Geheiligt werde dein Name.
Dein Reich komme.
Dein Wille geschehe, wie im Himmel so auf Erden.
Unser tägliches Brot gib uns heute.
Und vergib uns unsere Schuld,
wie auch wir vergeben unsern Schuldigern.
Und führe uns nicht in Versuchung,
sondern erlöse uns von dem Bösen.
Denn dein ist das Reich und die Kraft
und die Herrlichkeit
in Ewigkeit. Amen.

Von guten Mächten treu und still umgeben,
behütet und getröstet wunderbar,
so will ich diese Tage mit euch leben,
und mit euch gehen in ein neues Jahr.

Noch will das alte unsere Herzen quälen,
noch drückt uns böser Tage schwere Last,
ach, Herr, gib unsern aufgescheuchten Seelen
das Heil, für das du uns bereitet hast.

Und reichst du uns den schweren Kelch,
den bittern
des Leids, gefüllt bis an den höchsten Rand,
so nehmen wir ihn dankbar ohne Zittern
aus deiner guten und geliebten Hand.

Doch willst du uns noch einmal Freude schenken
an dieser Welt und ihrer Sonne Glanz,
dann wollen wir des Vergangenen gedenken,
und dann gehört dir unser Leben ganz.

Laß warm und still die Kerzen heute flammen,
die du in unsre Dunkelheit gebracht,
führ, wenn es sein kann, wieder uns zusammen.
Wir wissen es, dein Licht scheint in der Nacht.

Wenn sich die Stille nun tief um uns breitet,
so laß uns hören jenen vollen Klang
der Welt, die unsichtbar sich um uns weitet,
all deiner Kinder hohen Lobgesang.

Von guten Mächten wunderbar geborgen,
erwarten wir getrost, was kommen mag.
Gott ist mit uns am Abend und am Morgen
und ganz gewiß an jedem neuen Tag.

DIETRICH BONHOEFFER

# ANHANG

Verzeichnis der Texte

Autorenhinweise

Quellenverzeichnis

# VERZEICHNIS DER TEXTE

# AUTORENHINWEISE

JOHANN AGRICOLA (1494–1566). Der Schüler Luthers wirkte als eigenwilliger Vertreter der reformatorischen Sache zuletzt als Generalsuperintendent der Mark Brandenburg. Neben theologischen Schriften und Kirchenliedern verfaßte er Sammlungen und Erläuterungen von deutschen Sprichwörtern.

ALKUIN (ca. 730–804). Der Angelsachse lebte seit 782 als führender Theologe und kulturpolitischer Berater am Hof Karls d. Gr. und wurde 796 Abt von St. Martin in Tours, einem Zentrum der »karolingischen Renaissance«. Zu seinem vielseitigen Wirken gehörte die Revision des Bibeltextes und die Reform des Taufunterrichts in der Mission. Er verfaßte Gedichte, didaktische und exegetische Schriften.

AURELIUS AMBROSIUS (339–397). Seit 374 entwickelte sich der Bischof von Mailand zur führenden Gestalt der abendländischen Kirche und scheute nicht die Konfrontation mit dem Kaiser. Als einer der vier lateinischen Kirchenlehrer wird der Heilige wegen seiner theologischen Werke und Bibelauslegungen verehrt, als Vater des abendländischen Kirchengesangs wegen zahlreicher Hymnen.

ANSELM VON CANTERBURY (1033–1109). Gemäß seinem Grundsatz, daß der Glaube einer vernünftigen Klärung bedarf und fähig ist, suchte der Begründer mittelalterlicher Theologie einen Beweis für die Existenz Gottes und Gründe für die Menschwerdung Christi. In der Nachfolge Augustins verbinden sich gedankliche Klärung und Gebet.

JOHANN ARNDT (1555–1621). Mit seinen „Vier Büchern vom wahren Christentum“ schuf der spätere Generalsuperintendent für Lüneburg 1610 ein klassisches Andachtsbuch des Luthertums. Die Orthodoxie bildete nicht nur eine trockene Streittheologie sondern auch lebendige Frömmigkeit aus, die vom Pietismus aufgegriffen wurde.

AURELIUS AUGUSTINUS (354–430). Nach bewegtem Lebenslauf wurde der Sohn christlicher Eltern 386 Christ und später Bischof von Hippo in Nordafrika. Seine philosophische Bildung und Orientierung an Paulus (Sünde und Gnade) lassen ihn durch seine zahlreichen Werke zum Theologen und Kirchenlehrer des Abendlandes werden. In seinen Confessiones (Bekenntnisse) durchdringen sich Biographie und theologische Reflexion in der Form des Gebetes.

KARL BARTH (1886–1968). Der Schweizer Theologe vollzog durch seinen Römerbrief-Kommentar 1919 die epochale Abwendung vom Kulturprotestantismus. Als vergleichbare „Bindestrichtheologie“ bekämpfte er die Verbindung von Glaubeund NS-Deutschtum, besonders durch die Barmer Theologische Erklärung 1934. Die Freiheit Gottes ist das Grundmotiv der mit 13 Bänden unvollendet gebliebenen Kirchlichen Dogmatik, aber auch seiner Gottesdienste im Baseler Gefängnis.

BASILIUS DER GROSSE (329–379). Mit seinem Bruder Gregor von Nyssa und Gregor von Nazianz konnten die „drei Kappadozier“ die Entscheidungen des Konzils von Nizäa (325) über die drei Personen der Trinität klären und verteidigen. Als Bischof von Cäsarea und Metropolit von Kappadozien wirkte er auch als Organisator des Mönchtums.

Hermann Bezzel (1861–1917). Im Gefolge von Wilhelm Löhe, dem bayerischen Vater der Erweckungsbewegung, wirkte der fränkische Pfarrer in Neuendettelsau und später als Leiter der bayerischen Landeskirche in München im Sinne des lutherischen Bekenntnisses durch Predigten und Schriftauslegungen gegen die damals moderne Theologie.

Léon Bloy (1846–1917). Der französische Schriftsteller stand dem Fortschrittsglauben seiner Zeit kritisch gegenüber und wurde durch seine Romane, Aufsätze und Tagebücher zu einem Wegbereiter der renouveau catholique. Jedes echte religiöse Erleben enthält für ihn einen mystischen Kern.

Christoph Blumhardt (1842–1919). Der Reichsgottesgedanke des schwäbischen Pietismus (Oetinger) bestimmte die Sehnsucht Johann Christoph Blumhardts nach dem Erleben göttlicher Wirklichkeit und ließ dessen Sohn seit 1869 an seiner Seite in Bad Boll gegen den Egoismus des „Fleisches" kämpfen und die Sozialdemokratische Partei 1900–1906 im Württembergischen Landtag als Abgeordneter vertreten. Das politische Engagement konnte aber seiner Parole „Christus allein!" nicht genügen.

Rudolf Bohren (*1920). Nach vielen Jahren im Pfarramt wurde R. Bohren Professor für Praktische Theologie, zuletzt an der Universität Heidelberg. Ein Interesse für ästhetische Fragen in seinen wissenschaftlichen Arbeiten führte zu belletristischen Texten.

Dietrich Bonhoeffer (1906–1945). Der neben Karl Barth und Rudolf Bultmann wichtigste protestantische Theologe des 20. Jahrhunderts hat wie kaum ein anderer theologische Reflexion mit profaner Zeitgenossenschaft und gelebter Frömmigkeit verbunden. Nach dem Engagement in der Bekennenden Kirche wurde er als Teilnehmer der Verschwörung gegen Hitler zusammen mit Männern des 20. Juli 1944 am 9. April 1945 im KZ Flossenbürg umgebracht.

JOHANNES CALVIN (1509–1564). Der Genfer Führer des reformierten Protestantismus, der sich durch den Gemeindeaufbau und einzelne Akzente in der Theologie, besonders in der Abendmahlslehre, von den lutherischen Kirchen unterscheidet, knüpfte organisatorische Verbindungen in ganz Westeuropa und wirkte bis heute durch sein Hauptwerk: Institutio Christianae Religionis (Unterricht im christlichen Glauben).

PAUL CLAUDEL (1868–1955). Der französische Diplomat konvertierte 1886 zum Katholizismus. Seine lyrischen und dramatischen Werke erweisen ihn deshalb als literarischen Wegbereiter des modernen Frankreich und als „Sänger der Herrlichkeit, der Wirklichkeit und der Liebe Gottes“: Verkündigung, Der Seidene Schuh, Johanna auf dem Scheiterhaufen u.a.

HARVEY COX (*1929). Der Professor für Theologie und Soziologie an der Harvard-Universität wurde in Deutschland bekannt durch soziologische Analysen mit dem theologischen Interesse, in „The Secular City“ als Gottes Helfer-Weltverantwortung zu übernehmen.

JUSTUS DELBRÜCK (1902–1945). Der Jurist ging im Stab von Admiral Canaris (Abwehr) aus christlicher Gewissensüberzeugung den Weg in den Widerstand des 20. Juli 1944. Eine Verurteilung konnte er hinauszögern, aber nach Kriegsende starb er in einem russischen Lager.

Meister Eckehart (1260–1328). Der Dominikaner übernahm in seinem Orden organisatorische, seelsorgerliche und theologische Aufgaben, zuletzt als Professor am Generalstudium in Köln. Stärker als in seinen lateinischen Werken ist in seinen deutschen Predigten die spekulative Mystik zu erkennen, die von seinen Schülern Seuse und Tauler zur sog. Deutschen Mystik weitergeführt wurde und der deutschen Sprache die Bereiche des Gedanklich-Übersinnlichen erschloß. In Avignon wurde er wegen pantheistisch klingenden Lehren verurteilt, er starb aber vor Abschluß des Verfahrens.

Ephraem der Syrer (306–377). In der syrischen Kirche gilt der Diakon und Asket als „der Prophet der Syrer", der durch Bibelkommentare und Dichtungen den Lehrgehalt des Glaubens unbeeinflußt von griechischem Denken entfaltete.

Francois Fénelon (1651–1715). Der Erzbischof von Cambrai ist in seinem Nachdenken über die reine Liebe zu Gott beeinflußt von der quietistischen Mystik; berühmt wurden die pädagogischen Erfolge des jungen Priesters bei zum Katholizismus konvertierten jungen Damen und bei dem jungen Herzog von Burgund, der als hartherzig und jähzornig, ungestüm und tobsüchtig berüchtigt war. Seine pädagogische Schrift „Über die Mädchenerziehung" und der mit Gesellschaftskritik verbundene Erziehungsroman „Télémaque" sind deshalb bekannter als seine theologischen Abhandlungen.

Ignaz Franz (1719–1790). Der Rektor des Priesteralumnats in Breslau gab 1772 ein Gesangbuch im Geist der Aufklärungszeit heraus, der sich an seiner Umdichtung des Te Deum, des auch von Luther verdeutschten „Ambrosianischen Lobgesangs", erkennen läßt.

Paul Gerhardt (1607–1676). Der lutherische Liederdichter strebte mit seinen Liedern keinen barocken Dichterruhm an, sondern wollte der Gemeinde dienen. Trotz Krieg und persönlichen Schicksalsschlägen lenken sie den Blick des Glaubens auf die Leiden Christi und die Schöpfung Gottes. Bescheidenheit und Standfestigkeit zeigt der Berufsweg Gerhardts, der sein Berliner Pfarramt aufgab, weil er sich nicht an theologische Vorgaben des Landesherrn binden wollte.

Gertrud die Grosse (1256–1302). Seit ihrem fünften Lebensjahr gehörte sie zur Gemeinschaft des Klosters Helfta bei Eisleben und entschloß sich 1280 zu einem beschaulichen Leben. Die Zisterzienserin erlebte mystische Erscheinungen, welche zu einer Gewißheit der Gegenwart Christi führten.

Ernst Ginsberg (1904–1964). Der Schauspieler wirkte als Charakterdarsteller an mehreren deutschen Bühnen, bis er 1933 in die Schweiz emigrierte.

Albrecht Goes (*1908). Der schwäbische Pfarrer ist durch Gedichte und Erzählungen bekannt geworden; 1953 erhielt er den Lessing-Preis der Stadt Hamburg.

Kurt Heynicke (1891–1985). Expressionistische Gedichte bildeten während des 1. Weltkrieges den Beginn seines vielseitigen Schaffens. Besonders seine Lyrik fragt nach Zuversicht und Lebensbewältigung, nach einem „Nadelkopf Hoffnung“ und ist darum auch auf der Suche nach Gott.

Gregor von Nazianz (329–390). Unter den drei Kappadoziern (Basilius, Gregor von Nyssa) ist er besonders stark kontemplativ eingestellt, so daß er nur kürzere Zeiten kirchliche Ämter bekleidete. Klassische Bildung und christliches Denken führten bei ihm zu einer neuen Subjektivität in Frömmigkeit und Reflexion.

Gregor von Nyssa (334–394). Der Bruder von Basilius d. Gr. konnte auf dem ökumenischen Konzil von Konstantinopel 381 den Ertrag des Denkens der drei Kappadozier einbringen und in Weiterführung und Sicherung des Bekenntnisses von Nizäa die Gottheit des Heiligen Geistes durchsetzen. Durch seine asketisch-mystische Theologie hat er eine bis in die Gegenwart reichende Spiritualität begründet.

Hans Jacob Christoffel von Grimmelshausen (1622–1676). Das Hauptwerk des deutschen Barockdichters steht in der Nähe zur volkstümlichen Überlieferung und zum Schelmenroman: Der abenteuerliche Simplicius Simplicissimus. Die weltanschauliche Zielsetzung ist merkwürdig unklar gelassen von dem Autor, der nach einer bewegten Jugend in den Heeren des Dreißigjährigen Krieges als Schaffner, Wirt und Schultheiß am Oberrhein lebte.

Dag Hammarskjöld (1905–1961). Der schwedische Politiker, Generalsekretär der Vereinten Nationen und Träger des Friedensnobelpreises von 1961 stürzte mit einer Sondermaschine der Vereinten Nationen über dem Kongo ab. Nach dem noch immer unaufgeklärten Tod fand man tagebuchähnliche Aufzeichnungen „Zeichen am Weg“, welche in dem kühlen Politiker einen Mann des meditativen Gebets erkennen ließen.

HIERONYMUS (347–420). Die größte Leistung des lateinischen Kirchenvaters und Schutzpatrons der mittelalterlichen Hochschulen ist die Vulgata, die lateinische Übersetzung der Bibel aus dem hebräischen bzw. griechischen Urtext. Wegen seiner Verbindung mit Papst Damasus wird er nicht nur entsprechend seiner Lebensweise als Einsiedler, sondern auch als Kardinal dargestellt.

JOHANN HUS (1369–1415). Der tschechische Prediger an der Prager Bethlehemskapelle und Rektor der Universität kritisierte im Anschluß an John Wiclif den Reichtum der Kirche unter dem Papst, dem er die Niedrigkeit Jesu gegenüberstellte. Nach seiner Hinrichtung als Ketzer auf dem Konzil von Konstanz wurde der Abendmahlskelch, den er in wörtlichem Anschluß an die Bibel für alle Gläubigen gefordert hatte, zum Symbol einer religiös-nationalen Bewegung.

LANGSTON HUGHES (1902–1967). Der afroamerikanische Schriftsteller schilderte das Leben der Farbigen und führte die afroamerikanische Folklore in die Literatur ein, wobei die Sprachkraft von Spirituals und Blues wirksam wird.

IGNATIUS VON LOYOLA (1491–1556). Der Offizier aus baskischem Adel wurde während der Genesung einer Kriegsverletzung unter dem Eindruck von Heiligen-Erzählungen 1522 zum Einsiedler und entwickelte geistliche Übungen, Exerzitien, für den Feldherrn Christus, der Nachfolge fordert. 1534 schloß er sich mit Studienfreunden in Paris zur Societas Jesu zusammen; die 1540 bestätigte Ordensgründung der Jesuiten wurde zum entscheidenden Werkzeug bei der Zurückdrängung der Reformation.

PASCUAL JORDAN (*1902–1980). Der durch Forschungen zur Quantenmechanik ausgewiesene Hamburger Physiker wurde späterhin vor allem durch seine religiöse Interpretation naturwissenschaftlicher Forschungen bekannt. Die Einsicht in die Grenzen der Naturwissenschaft eröffnet für ihn Möglichkeiten des Glaubens.

JOHANNES KEPLER (1571–1630). Der Astronom und Mathematiker konnte die Beobachtungen von Kopernikus ausbauen und beweisen, daß die Planetenbahnen Ellipsen bilden. Die naturwissenschaftliche Arbeit begriff er dabei als ein Nachdenken der Gedanken Gottes, andererseits hatte er aber gegenüber einzelnen Elementen der lutherischen Abendmahlslehre naturwissenschaftliche Vorbehalte.

SØREN KIERKEGAARD (1813–1855). Im Gegensatz zu Hegels Philosophie des umfassenden Geistes arbeitete der dänische Philosoph die Existenzdialektik des Einzelnen heraus, die sich von der ästhetischen über die ethische zur religiösen Existenzweise entfaltet. Aber die Wahrheit der Existenz kann nie objektiv festgestellt, sondern nur in der Gleichzeitigkeit des Glaubens gewählt werden. Aufgegriffen wurde dieses Denken in der Theologie und Philosophie des 20. Jahrhunderts.

MARTIN LUTHER (1483–1546). Durch die 95 Thesen zum Ablaßwesen löste der Augustinermönch 1517 die reformatorische Bewegung aus, die in den großen Schriften von 1520 – Von den guten Werken, An den christlichen Adel, Von der babylonischen Gefangenschaft der Kirche, Von der Freiheit eines Christenmenschen – ihr theologisches Anliegen ausformulierte. Neben der Übersetzung der Bibel prägen Luthers Katechismen und Lieder den Kernbestand evangelischer Frömmigkeit.

Martin von Cochem (1634–1712). Der Kapuziner wirkte als Visitator von Mainz und Trier, als Wanderprediger in Baden, Österreich und Böhmen und vor allem als erfolgreicher Volksschriftsteller für eine Erneuerung des katholischen Lebens in kirchlichem Sinne.

Maximus Confessor (580–662). Der byzantinische Theologe erhielt den Beinamen Bekenner, weil er wegen seines Festhaltens an der Zweinaturenlehre schwer mißhandelt im Exil starb. Am Ende der altkirchlichen Zeit versuchte er eine Zusammenfassung der Mystik.

Mechthild von Magdeburg (1212–1285). Die arme Beginne teilte ihre Visionen, Betrachtungen, Sprüche und Verse ihrem geistlichen Leiter, dem Dominikaner Heinrich von Halle mit, der sie unter dem Titel „Das fließende Licht der Gottheit" sammelte. Das erste große, deutsch geschriebene mystische Werk.

Michelangelo Buonarroti (1475–1564). Der Florentiner Maler, Bildhauer und Architekt wendete die von ihm mit heraufgeführte Renaissance zum Manierismus und bereitete den Barock vor. Als Schöpfer aus persönlicher Vollmacht verwirklichte er ein neues Maß an Künstlertum, begleitet von der Gefahr des Scheiterns in der Einsamkeit, wobei das Unvollendete als gültige Tat erscheint. Auch das literarische Werk der Sonette belegt, wie er den künstlerischen Konflikt von Ich und Werk religiös begreift in der Teilnahme an den geistigen Auseinandersetzungen und Reformhoffnungen der Zeit.

Thomas Morus (1478–1435). Der Lordkanzler Heinrichs VIII. wurde hingerichtet, weil er die Ungültigkeitserklärung der Ehe des englischen Königs mit seiner ersten Frau nicht anerkannte und die Oberhoheit der Krone über die Kirche ablehnte. Der Humanist und Freund von Erasmus verfaßte einen zeitkritischen Entwurf des Idealstaates „Utopia" (1516) und bezeugte in Briefen und Meditationen Glaubenszuversicht und Gewissensstärke. 1935 heiliggesprochen als Vorbild eines christlichen Staatsmannes und Laien.

FRIEDRICH CHRISTOPH OETINGER (1702–82). Der Prälat in Murrhardt gehört zu den Vätern des schwäbischen Pietismus. Seine „Theosophie" suchte die Vereinigung himmlischen und irdischen Wissens, empirischer Naturforschung und praktischer Frömmigkeit, theoretischer Erkenntnis und Sittlichkeit. Dazu griff er Elemente der altkirchlichen Mystik, der jüdischen Kabbala, J. Böhmes und der Spiritualisten sowie Barock-Universalismus des Comenius auf.

FRIEDRICH OETINGER – unter diesem Pseudonym schrieb der Erziehungswissenschaftler Theodor Wilhelm (*1906) nach 1945. 1937–1942 war er Dozent für Lehrerfortbildung in Oldenburg, lehrte seit 1951 an der PH Flensburg und von 1959–1971 an der Universität Kiel.

BLAISE PASCAL (1623–1662). Der Mathematiker und Physiker überwand die Spannungen der beginnenden Neuzeit zwischen Dogmatismus und Skepsis durch die Glaubenserkenntnis: Gott ist keine philosophische oder theologische Idee, sondern als Gott Abrahams, Isaaks und Jakobs „dieu de Jésus Christ" (Memorial vom 23. 11. 1654). Der Plan einer entsprechenden, neuartigen „Apologie der christlichen Religion" kam wegen Krankheit und frühem Tod nicht über Bruchstücke hinaus, die 1670 als „Pensées sur la religion" veröffentlicht wurden.

Papst Paul VI. (1897–1978). Als Nachfolger Johannes XXIII. wurde Giovanni Battista Montini 1963 zum Papst gewählt, nachdem er führende Positionen in der Kurie, u.a. als Mitarbeiter von Pius XII., und die Leitung des Erzbistums Mailand bekleidet hatte. Die wichtigste Aufgabe seines Pontifikats war die Weiterführung und Beendigung des Zweiten Vatikanischen Konzils.

Francesco Petrarca (1304–74). Der mit Boccaccio befreundete Dichter ist ein Begründer des Humanismus, wobei er Antike und Christentum unter Berufung auf Augustin in einer Synthese von Weisheit und Frömmigkeit verbinden wollte. In bewußter Individualität verfolgte er ein nachmittelalterliches Lebensideal, das Anregungen der großen Männer der Antike aufgriff, deren Biographien er als Apotheose Roms schrieb.

Petrus Damiani (1006–72). Der Prior der Einsiedlergemeinde in Fonte Avellana, einer „Pflanzschule der Heiligen" in Oberitalien, unterstützte die Kirchenreformbewegung in asketischem Sinne und wurde 1057 zum Kardinalerzbischof von Ostia ernannt.

Arno Pötzsch (1900–56). Der Erzieher in der Brüdergemeinde wurde nach dem Theologiestudium 1935 Pfarrer.

Karl Rahner (1904–84). Auch in den Entscheidungen des II. Vatikanischen Konzils sind die Anstöße des Fundamentaltheologen und seines umfangreichen Werkes zu erkennen. In schöpferischer Neuinterpretation verließ er traditionelle Festungen, ohne das Erbe progressiv zu verschleudern. Er wollte es vielmehr neu als Grundstruktur des Menschen in seiner Hinordnung auf Gott durchdenken.

ILSE RASCHE (*1919). Die Krankenschwester leitete zuletzt ein Altenkrankenhaus in Göttingen und lebt jetzt im Ruhestand.

KURT ROMMEL (*1926). Die Bücher und Texte des schwäbischen Pfarrers wollen in vielfältigen Formen einer der Gegenwart zugewandten Frömmigkeit dienen. Dabei denkt er an Gottesdienstformen und Lieder, erläutert Inhalte und Handlungsfelder des Glaubens und bietet Begleitung auf dem Lebensweg.

ANTON ROTZETTER (*1939). Der Kapuzinerpater ist Leiter des Instituts für Spiritualität in Münster und mit entsprechenden Veröffentlichungen bekannt geworden.

NELLY SACHS (1891–1970). Die Dichterin wuchs in Berlin in einem jüdischen, religiös emanzipierten Elternhaus auf. Ab 1940 im schwedischen Exil fand sie einen neuen Zugang zu den Quellen jüdischer Religiosität und christlicher Mystik. In dem Mysterienspiel „Eli" zeigte sie 1943, daß Haß und Rache nicht den Neuanfang bestimmen dürfen.

JOHANN MICHAEL SAILER (1751–1832). Mit einer tief katholischen „Innerlichkeit" wurde der bayerische Theologe und Hochschullehrer zum geistlichen Vater einer ganzen Priestergeneration und prägte ein neues Geistesleben nach dem Niedergang der Aufklärung, seit 1829 als Bischof von Regensburg. „Beistandleisten zum Menschwerden" war Zielsetzung seiner Pädagogik, vergleichbar mit Pestalozzi.

GIROLAMO SAVONAROLA (1452–98). Der Bußprediger empfand schon vor dem Eintritt in den Dominikanerorden die Verderbnis der Welt, der er die Hoffnung auf Erneuerung der Christenheit in teils spätmittelalterlichem, teils Renaissance-

Gewand gegenüberstellte. Nach dem Sturz der Medici erhielt Florenz 1494 eine theokratische Verfassung mit Christus als König. Nicht zuletzt Intrigen der Macht führten zu Sturz, Folter und Tod als Häretiker und Schismatiker, obwohl er immer der katholischen Lehre treu blieb und Befürwortet seiner Heiligsprechung hat.

REINHOLD SCHNEIDER (1903–58). Der kath. Schriftsteller veröffentlichte als erste große literarisch-historische Arbeit „Philipp II." mit dem Untertitel „Religion und Macht". Dieses Thema bestimmt auch seine späteren Werke und Dramen. Im Dritten Reich gehörten seine „Sonette" zur geistlichen Stärkung der Regimekritiker.

ARNOLD SCHÖNBERG (1874–1951). Der Begründer der Zwölftonmusik hat in der unvollendeten Oper „Mose und Aaron" auch sein Bekenntnis als Jude reflektiert.

ROGER SCHÜTZ (*1915). Als Frère Roger wurde der Prior der Communauté de Taizé bekannt, die er während und nach dem II. Weltkrieg in der Nähe von Cluny sammelte. Die Einführung des monastischen Gedankens in die protestantische Tradition führte durch die Aufnahme katholischer Brüder zum Dienst der ökumenischen Verständigung. Stark beeindruckt zeigen sich Jugendliche (Konzil der Jugend) durch die Verbindung von Frömmigkeit und Engagement für den Frieden.

FRIEDRICH SPITTA (1852–1924). Der Bruder des Bachforschers widmete sich als Theologieprofessor in Straßburg dem Neuen Testament und vor allem einer Wiederbelebung von Liturgie und Kirchengesang (ältere liturgische Bewegung).

EDITH STEIN (1891–1942). Die Schülerin und Assistentin des Philosophen E. Husserl konvertierte 1922 zum katholischen Glauben. Sie verband die phänomenologische Methode mit der Theologie des Thomas von Aquin. Als Teresia Benedicta a Cruce trat sie 1933 in den Orden der Karmeliterinnen ein und wurde 1942 ein Opfer der Judenverfolgung, wahrscheinlich in Auschwitz.

SIMEON DER NEUE THEOLOGE (949–1022). Das Erlebnis der Gnade prägt die Mystik des Abtes eines Klosters in Konstantinopel. Gott- und Geistinnigkeit bestimmen seine 57 Hymnen.

GERHARD TERSTEEGEN (1697–1769). Um Zeit für die innere Einkehr und den ausgiebigen Briefwechsel mit Geistesverwandten zu haben, wurde der Kaufmannssohn vom Niederrhein Bandwirker, der aber seit 1728 vom Ertrag seiner Schriften und der Unterstützung der Freunde lebte. Auch bei manchen seiner Lieder wird man fragen müssen, ob der theologisch tiefste und gedanklich reichste evangelische Mystiker das reformatorische Glaubensverständnis und damit seine reformierte Herkunft in Quietismus verwandelt hat.

MUTTER TERESA (1910–1997). Agnes Gonxa Bejaxnui wurde als Kind albanischer Eltern in Skopje (heute Jugoslawien) geboren. 1928 schloß sie sich der Marianischen Kongregation von Loreto an und meldete sich als Novizin für die Bengalenmission. Seit 1929 war sie Lehrerin und Leiterin einer Schule in Kalkutta, seit 1948 lebt sie dort mit und für die Slum-Bewohner als Missionarin der Nächstenliebe, Friedensnobelpreis 1979.

M. A. Thomas. 1947–49 studierte der indische Christ in Cambridge Theologie, so daß sich das Erbe der abendländischen Christenheit in seinen Gebeten mit indischer Meditation und Geistlichkeit verbindet. Gegenwärtig ist er Direktor des Ökumenischen Dhristlichen Zentrums in Bangalore/Indien.

Thomas von Aquin (1225–74). Der in der Nähe von Monte Cassino geborene Dominikaner studierte besonders in Paris und Köln bei Albert d.Gr. und übernahm von diesem die Aufgabe, die Philosophie des Aristoteles in das christliche Denken zu integrieren. Seine unvollendete Summa theologica ist der Gipfel der mittelalterlichen Theologie, der Scholastik. 1309 wurden seine Lehren für den Dominikanerorden verbindlich, 1879 zurRichtschnur der katholischen Theologie, 1923 allgemeiner Kirchenlehrer (doctor communis).

Thomas a Kempis (1380–1471). Thomas Hemerken aus Kempen im Gelderland hat mit den »Vier Büchern der Nachfolge Christi« (Imitatio Christi) das nächst der Bibel am meisten gelesene Buch der Weltliteratur geschaffen. Der Mönch verbindet umfassende Bibelkenntnis mit den Einflüssen der deutschen Mystik in der Berührung mit den Brüdern vom Gemeinsamen Leben und ihrer Neuen Verehrung /(Devogio moderna).

Caspar Ulenberg (1549–1617). Nach demStudium in Wittenberg trat der Sohn lutherischer Eltern 1572 in Köln zum Katholizismus über und wurde ein Kritiker der Reformation. Seine Bearbeitung des Psalters beeinflußte viele Gesangbücher.

Walter von der Vogelweide (1170–1230). Entgegen der Bezeichnung Minnesänger umfaßt das Werk des wandernden Sängers neben Liedern der höheren und niederen Minne auch Spruchdichtung mit politischen und religiösen Inhalten, die sorgfältig ausgestaltet sind. Das Persönliche tritt im Gesamtwerk häufig hervor.

CHRISTA WEISS (*1925). Die Lehrerin übernahm 1962 eine Dozententätigkeit in christlicher Jugend- und Erwachsenenbildung, bis sie 1971 als Mitarbeiterin entsprechender Verlage auch selbst Schriftstellerin wurd.

RUDOLF OTTO WIEMER (*1905). Nach Theatertätigkeit verfaßte der Lehrer Kinderbücher. Bei seinen Büchern verbinden sich zeitgeschichtliche und gesellschaftskritische Elemente mit einer christlichen Grundhaltung.

JOHANNES ZWICK (1496–1542). Seelsorgerliche Wärme und katechetisches Geschick zeichnen die Schriften des Reformators von Konstanz aus, der im Unterschied zu seinem Bruder Konrad und den befreundeten Brüdern Blarer nicht nach 1548 die Rekatholisierung unter österreichischer Oberherrschaft erlebte. Seine Lieder gehören zum Besten des reformatorischen Liedschaffens.

# QUELLENVERZEICHNIS

Die im folgenden aufgeführten Seiten enthalten Texte, deren Abdruck durch die freundliche Genehmigung der genannten Verlage ermöglicht wurde. Der Verlag Herder dankt für die in kollegialer Zusammenarbeit erteilte Zustimmung.

Seite

9 E.Domay u.a. (Hrsg.), Rufe. Religiöse Lyrik der Gegenwart 2, © Kurt Heynicke bzw. Erben

17 Heribert Mühlen (Hrsg.): Lob- und Dankgebete; Rex-Verlag Luzern/Schweiz 1979

31 Heribert Mühlen (Hrsg.): Lob- und Dankgebete; Rex-Verlag Luzern/Schweiz 1979

36 Dietrich Bonhoeffer: Widerstand und Ergebung. (KT 100). Chr. Kaiser / Gütersloher Verlagshaus. Gütersloh, 16. Auflage 1977

43 Arno Pötzsch: Gottes Gabe täglich Brot; Herbert Reich Evangelischer Verlag, Hamburg/Burgstedt 1962

45 Christa Weiß/Kurt Rommel: Bevor die Sonne sinkt; Gustav Bosse Verlag, Regensburg

46 M.Seitz/F.Thiele: Wir beten, Gebete für Menschen von heute, MBK-Verlag, Bad Salzuflen 1968

53 M.Seitz/F.Thiele: Wir beten, Gebete für Menschen von heute, MBK-Verlag, Bad Salzuflen 1968

54 Karl Barth: Gebete, Theologischer Verlag, Zürich 1964

62 Edith Stein: Erhör, o Gott, mein Flehen; Christophorus Verlag, Freiburg i.Br.

72 Frère Roger, Taizé – © Ateliers et Presses de Taizé, 71250 Taizé-Communauté, Frankreich

82 Rudolf Bohren: Texte zum Weiterbeten; Neukirchener Verlag, Neukirchen-Vluyn 1976

93 Heribert Mühlen (Hrsg.): Lob- und Dankgebete; Rex-Verlag Luzern/Schweiz 1979

97 Dag Hammarskjöld: Zeichen am Weg, Deutsche Ausgabe © 1967 Droemer Knaur Verlag, München

99 M.Seitz/F.Thiele: Wir beten, Gebete für Menschen von heute; MBK-Verlag, Bad Salzuflen 1968

100 A.Rotzetter: Gott, der mich atmen läßt. Gebete; Verlag Herder, Freiburg-Basel-Wien 1986

111 Ginsberg, Ernst: Abschied, Erinnerungen. Theateraufsätze, Gedichte. Hg. von Elisabeth Brock-Sulzer © 1965, 1991 by Verlag AG Die Arche, Zürich

113 M.Seitz/F.Thiele: Wir beten, Gebete für Menschen von heute; MBK-Verlag, Bad Salzuflen 1968

123 Sr.M.Lucia OCD: Gebete großer Menschen; Verlag Styria, Graz-Wien-Köln 1978

135 K.Rahner: Gebete des Lebens, Hrsg. A.Raffelt; Verlag Herder, Freiburg-Basel-Wien 1986

139 Bonhoeffer Brevier. Zusammengestellt und herausgegeben von Otto Dudzus. 8.überarb.Auflage 1998. Gütersloher Verlags-Haus.

## SPIRITUALITÄT UND MEDITATION

LINUS MUNDY

*Das Geh-Betbuch*

Wie Beten geht, wenn man geht

Aus dem Amerikanischen von Chr. Heinen

192 Seiten, Paperback – ISBN 3-451-26094-8

Linus Mundy zeigt, wie wie man die vielen Gänge und Spaziergänge, die man täglich ohnehin unternimmt, mit ganz einfachen Mitteln zu Gebeten gestalten kann.

BEATRICE BRUTEAU

*Erlebst du, was du glaubst?*

Was der Westen vom Osten lernen kann

Aus Amerikanischen von B. Schellenberger

180 Seiten, Paperback – ISBN 3-451-26088-3

Mit Hilfe der fernöstlichen Tradition eröffnet Beatrice Bruteau eine neue, unverbrauchte Sicht auf die christliche Spiritualität. Einsichten, die den eigenen Glauben bereichern und beleben.

ANTON ROTZETTER

*Beten mit Franz von Assisi*

Impulse Tag für Tag

192 Seiten, gebunden – ISBN 3-451-26534-6

Beten mit Franz von Assisi heißt, das ganze Leben auf Gott hin sehen, zu deuten und zu durchleben. Ausgewählte Bibeltexte und Meditationsimpulse ergänzen die überlieferten Gebete von Franz von Assisi.

*Das Stundengebet des Franz von Assisi*
Zum heutigen Beten neu erschlossen
von Anton Rotzetter
128 Seiten, gebunden – ISBN 3-451-22325-2

Anton Rotzetter erläutert Entstehung, Aufbau, Inhalt und Eigenart des Stundengebetes des Heiligen, gibt Hilfen zum Gebrauch für den Beter heute und bietet die Gebetstexte selbst in einer neuen, modernen sprachlichen Fassung.

ANTJE-SABINE NAEGELI
*Du hast mein Dunkel geteilt*
Gebete an unerträglichen Tagen
112 Seiten, Paperback – ISBN 3-451-20185-2

»Eine wertvolle Hilfe, um das Gespräch mit Gott auch an Tagen, die uns verdunkelt sind, nicht abreißen zu lassen oder es gerade dann neu zu suchen« (Fuldaer Zeitung).

ANTJE-SABINE NAEGELI
*Die Nacht ist voller Sterne*
Gebete in dunklen Stunden
128 Seiten, Paperback – ISBN 3-451-20936-5

Mit großer Sensibilität spricht Antje-Sabine Naegeli Trost zu. Sie widmet ihr Buch in besonderer Weise allen, die Begleitung suchen auf ihrem Weg durch die Nacht.

HERDER · FREIBURG · BASEL · WIEN